U0299284

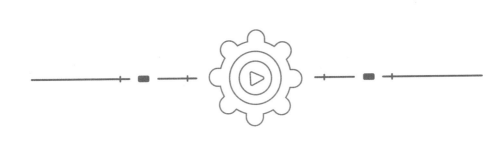

手把手教你学微课制作

前期规划+脚本撰写+拍摄与后期制作

贾瑞　编著

清华大学出版社
北京

内容简介

本书从微课制作的理论基础出发，通过典型微课实例详细介绍了多媒体课件与微课制作的相关知识与技巧，主要内容包括微课制作基础、微课的规划与设计、使用 PowerPoint 制作课件、放映与录制 PPT 课件、录制视频微课、使用 Premiere 编辑拍摄型微课、使用 Camtasia Studio 制作录屏型微课、使用 Camtasia Studio 制作交互型微课和微课制作常用的辅助工具等。

本书内容全面、结构清晰、可操作性强，适合多媒体课件设计和微课制作爱好者学习，也可作为高校、培训机构的教材或辅导用书。

图书在版编目（CIP）数据

手把手教你学微课制作：前期规划+脚本撰写+拍摄与后期制作/贾瑞编著. —北京：清华大学出版社，2024.2

ISBN 978-7-302-65521-3

Ⅰ.①手… Ⅱ.①贾… Ⅲ.①多媒体课件－制作 Ⅳ.①G436

中国国家版本馆CIP数据核字（2024）第042482号

责任编辑：张　敏
封面设计：郭二鹏
责任校对：胡伟民
责任印制：杨　艳

出版发行：清华大学出版社
网　　　　址：https://www.tup.com.cn，https://www.wqxuetang.com
地　　　　址：北京清华大学学研大厦A座　　　邮　编：100084
社　总　机：010-83470000　　　邮　购：010-62786544
投稿与读者服务：010-62776969，c-service@tup.tsinghua.edu.cn
质　量　反　馈：010-62772015，zhiliang@tup.tsinghua.edu.cn
课　件　下　载：https://www.tup.com.cn，010-83470236
印　装　者：涿州汇美亿浓印刷有限公司
经　　销：全国新华书店
开　　本：185mm×260mm　　　印　张：11.75　　　字　数：330千字
版　　次：2024年4月第1版　　　印　次：2024年4月第1次印刷
定　　价：79.80元

产品编号：099846-01

教育信息化的发展带来了教育形式和学习方式的重大变革，促进了教育改革，并对传统的教育思想、观念、模式、内容和方法产生了巨大冲击。微课视频是一种短小精悍的教育形式，能够快速传达知识和技能。微课视频可以随时、随地观看，方便学生自主学习。此外，制作微课视频也提高了教师的教学技能和影响力，可以让更多的学生受益。微课视频还可以为学生提供丰富多样的学习体验，增强他们的学习兴趣和动力。本书专为需要学习和掌握微课制作技能的读者打造，涵盖制作微课需要用到的多个软件，有较强的实用性。

一、本书主要内容

本书在介绍多媒体课件与微课制作理论和方法的基础上，通过大量课件制作实践，帮助读者学习、理解多媒体课件与微课的设计方法。全书内容主要分为以下 6 个部分。

1. 了解微课基本知识

第 1 章和第 2 章讲解微课制作基础和微课的规划与设计，包括多媒体课件的分类和表现形式、什么是微课、微课的制作方法、微课的制作流程，以及微课教学规划设计、教学媒体要素、微课视频脚本等。

2. PowerPoint课件制作

第 3 章和第 4 章介绍 PowerPoint 基础知识，包括使用 PowerPoint 制作课件、放映与录制 PPT 课件等。

3. 录制与编辑微课视频

第 5 章和第 6 章介绍使用不同设备录制视频、视频拍摄的常识、常用的录屏软件、常用的视频编辑软件以及使用 Premiere 编辑拍摄型微课等。

4. Camtasia Studio软件应用

第 7 章和第 8 章介绍使用 Camtasia Studio 制作录屏型微课和交互型微课的相关知识。

5. 微课制作辅助工具

第 9 章介绍微课制作常用的辅助工具，包括水印管家、GoldWave、Snagit 以及 WPS Office。

6. 案例应用

第 10 章是制作历史课微课视频的案例，内容包括 PPT 课件的制作和使用 Camtasia Studio 录制视频、编辑视频以及导出视频，帮助读者融会贯通、学以致用。

二、配套学习资源

为方便读者学习，本书提供了配套素材，还设计和制作了视频教学课程，同时为教师提供了PPT 课件资源，读者可以免费获取。

1. 视频教学课程

读者可以通过扫描书中的二维码在线实时观看配套视频课程，也可以将视频课程下载、保存到手机或者计算机中观看。

2. 获取配套资源的方法

本书提供了全部配套学习素材、PPT 教学课件、上机实战与操作实训、综合知识测试和图书测试题目的参考答案。读者可以使用手机浏览器、QQ 或者微信的"扫一扫"功能扫描下方的二维码，获得与本书有关的全部配套学习资源。

配套学习素材

其他资源

本书由贾瑞编著，作者凝聚多年的工作经验，通过对知识点的归纳总结，拓宽读者的视野，鼓励读者多尝试、多练习、多思考、多动脑，以此提高动手能力。希望读者在阅读本书之后增长实践操作技能，切实掌握课件设计与微课制作的知识与技能。

编 者

2023 年 8 月

CONTENTS 目录

本章要点

- 多媒体课件
- 微课
- 微课的制作方法

本章主要内容

本章主要介绍多媒体课件、微课和微课的制作方法，在本章的最后还针对实际工作需求讲解了微课的制作流程。通过本章的学习，读者可以掌握微课制作的基础知识，为深入学习微课制作奠定基础。

1.1　多媒体课件

创作人员先从总体上对信息进行分类组织，然后把文字、图形、图像、声音、动画、影像等多种媒体素材在时间和空间两个方面进行集成，使其融为一体，并赋予交互特性，从而制作出各种精彩纷呈的多媒体课件。

1.1.1　认识多媒体课件

多媒体课件是一种通过图像、音频、视频、动画等多种形式呈现的教学资料，它能够提高教学质量，增加学生的学习乐趣，加强师生的互动，提高教学效率等，如图1-1所示为PPT教学课件。

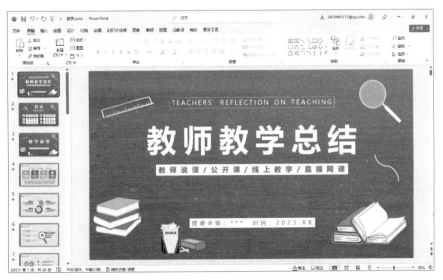

图 1-1

多媒体课件可以分为线上和线下两类。线上多媒体课件可以放在网上，让学生随时、随地学习；线下多媒体课件可以通过投影设备呈现在教室里，帮助教师完成授课任务。多媒体课件在现代教育中发挥着重要作用，是现代教育技术不可或缺的一部分。

多媒体课件简单来说就是教师用来辅助教学的工具，是根据教学大纲的要求和教学的需要，经过严格的教学设计，以多种媒体的表现方式和超文本结构制作而成的课程软件。如图 1-2 所示，多媒体课件具有以下 3 个优点。

1. 丰富的表现力

多媒体课件可以自然、逼真地表现多姿多彩的视听世界，可以对宏观和微观事物进行模拟，对抽象、无形事物进行生动、直观的表现，对复杂过程进行简化再现……使原本枯燥乏味的教学活动充满了魅力。

2. 良好的交互性

多媒体课件不仅可以在内容上提供良好的交互控制，而且可以运用适当的教学策略指导学生学习，更好地体现出"因材施教的个别化教学"。

3. 极大的共享性

网络技术的发展，多媒体信息的自由传输，使得教育在全世界交换、共享成为可能。以网络为载体的多媒体课件提供了教学资源的共享。

总之，多媒体课件在教学中的使用改善了教学媒体的表现力和交互性，促进了课堂教学内容、教学方法、教学过程的全面优化，提高了教学效果。

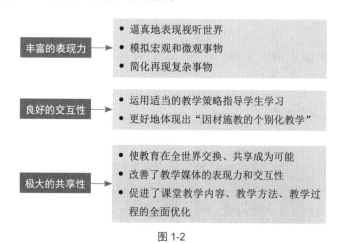

图 1-2

1.1.2 多媒体课件的分类和表现形式

根据使用方式不同可以将课件分为课堂演示型、学生自主学习型、教学游戏型、模拟实验型、操作演练型等，如图 1-3 所示。

1. 课堂演示型

该类型课件应用于课堂教学中，主要目的是揭示教学内容的内在规律，将抽象的教学内容用形象、具体的动画等方式表现出来。此类课件继承了多媒体组合教学的优秀成果，具有直观形象、生动有趣等特点。此类课件在新技术条件下又有了新的发展，突出表现在超媒体特性在课件中的应用，促使教学由单线型的教学设计向板块状的设计转化，赋予学生在课堂中的选择权利，使教师在教学过程中能根据学生的思路迅速调整教学流程，选择最佳的知识关联，利用知识间的联系加强学生的理解，从而达到课堂教学的优化。

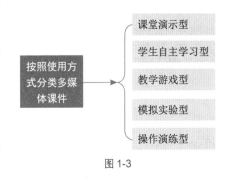

图 1-3

2. 学生自主学习型

在多媒体 CAI（Computer Aided Instruction，计算机辅助教学）网络教室环境下，学生利用学生工作站进行个别化自主学习。目前流行的网络课件大多数是这种类型。

3. 教学游戏型

寓教于乐，通过游戏的形式教学，并引发学生对学习的兴趣。任何游戏都有其自身的游戏规则，玩游戏的人在计算机呈现出的场景中，在游戏规则的制约下与竞争对手展开比赛，获胜即达到了通过游戏教学的目标。

4. 模拟实验型

该类型课件利用计算机产生各种与现实世界相类似的现象，学生可以在接近真实的情境中扮演角色，模拟操作做出决策，观察事物演变的过程与结果，从而认识和理解这些现象的本质。模拟型课件在教学活动中应用的方法多种多样，常见的有：演示模拟、操作模拟、实验模拟、管理模拟 4 种。

5. 操作演练型

教学过程是按照一定的规则向学生提出问题，当学生回答完毕后，计算机判断其答案是否正确，并根据学生回答的情况给予相应反馈，以促进学生掌握某种知识与技能、技巧，接着计算机提出下一个问题。这个过程一直重复下去，当达到预期的要求或预先设定的时间或次数用完后结束。此类课件的出现，使指引学生学习的对象不仅有老师、同学，还有计算机。计算机会对学生的练习成果进行判断，统计出学生的知识缺陷，并让学生重新练习。它的可重复性使得某些教学内容可以交由学生自主学习，使一定意义上的个别教学得以实现。例如，在小学数学教学中，可将该类课件应用于一些基础性练习，例如画游览线路图、拼摆三角形和多边形、观察物体的角度等。

如图 1-4 所示，多媒体课件按照表现形式可以分为以下几类。

1. 演示文稿

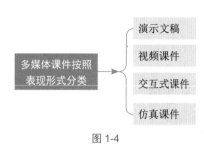

图 1-4

演示文稿通常指用 PowerPoint 等软件制作的幻灯片，其框架清晰，以文字和图片为主。PowerPoint 是微软公司出品的制作幻灯片的软件，中学教师常用该软件制作课件。该软件的优点是展示图片、视频、文字资料比较方便，很容易上手，制作的课件可以在网上进行播放；但其功能相对差了一点，如果要达到好的交互效果，实现起来比较烦琐。由于 Office 系列软件较为普及，所以 PowerPoint 课件一般不需要进行打包等处理，只需要注意使用时音、视频文件的路径即可。

2. 视频课件

视频课件以视频为主要呈现形式，可以较好地适应视听特点，同时视频可以更直观地呈现复杂的教学内容。

3. 交互式课件

交互式课件采用程序设计技术，能够协助学生进行自主学习，增强学生自主学习的能力。

4. 仿真课件

仿真课件以模拟实验为核心，通过虚拟实验平台进行实时仿真，实现了课程教学和实验检验的无缝联系。

1.2 微课

微课（Microlecture）是指运用信息技术，按照认知规律，呈现碎片化学习内容、过程及扩展素材的结构化数字资源。

1.2.1 什么是微课

微课是一种短小精悍的教育视频，通常一集只有几分钟到十几分钟，样式各异，形式灵活，主要以短视频、PPT 动画、实物、截屏、图像文字为素材，以单元知识点、微技能点、教学技能点为教学目标，紧扣教材教法、师幼互动、课程设计、课堂评价、教学反思等方面，详细地讲解小故事，达到浓缩信息、突出重点、提高效率的教育目的，可在移动端、在线课堂、电视台、计算机等平台播出、学习。微课逐渐成为现代教育的一种重要教育形式，主要由教育机构、企业等单位制作，如图 1-5 所示。

图 1-5

微课的核心组成内容是课堂教学视频（课例片段），同时还包含教学设计、素材课件、教学反思、练习测试及学生反馈、教师点评等辅助性教学资源，它们以一定的组织关系和呈现方式共同营造了一个半结构化、主题式的资源"小环境"。因此，微课既有别于传统单一资源类型的教学课例、教学课件、教学设计、教学反思等，又是在其基础上继承和发展起来的一种新型教学资源。

1.2.2　微课的特征与分类

如图 1-6 所示，微课有以下八大特征。

图 1-6

1. 长度短

微课的时长通常控制在 3 到 15 分钟之间，使得教学内容更加精准、有针对性、易于理解。

2. 突显重点

相对于较宽泛的传统课堂，微课的问题聚集了课堂教学中某个学科知识点（例如教学中的重点、难点、疑点内容）的教学，着重解决学生的疑惑和问题，或者反映课堂中某个教学环节、教学主题的教与学活动，帮助学生全面掌握知识点。相对于传统的一节课要完成复杂、众多的教学内容，微课的内容更加精简，因此又可以称为"微课堂"。

3. 能够自主学习

微课作为一种独立的学习资源，能够满足学生自主学习的需求，提高学生的学习兴趣和主动性。

4. 随时随地学习

微课不限于教室和时间的限制，通过计算机、手机等移动设备，随时、随地都能进行学习。

5. 草根研究、趣味创作

正因为课程内容微小，所以人人都可以成为课程的研发者；正因为课程的使用对象是教师和学生，课程研发的目的是将教学内容、教学目标、教学手段紧密地联系起来，是"为了教学、在教学中、通过教学"，而不是去验证理论、推演理论，所以决定了研发内容一定是教师自己熟悉的、感兴趣的、有能力解决的问题。

6. 成果简化、多样传播

因为内容具体、主题突出，所以研究内容容易表达、研究成果容易转化；因为课程容量微小、用时简短，所以传播形式多样（网上视频、手机传播、微博讨论）。

7. 反馈及时、针对性强

由于在较短的时间内集中开展"无生上课"活动，参加者能及时听到他人对自己教学行为的评价，获得反馈信息。较之常态的听课、评课活动，"现炒现卖"，具有即时性。由于是课前的组内"预演"，人人参与，互相学习，互相帮助，共同提高，在一定程度上减轻了教师的心理压力，不会担心教学的"失败"，不会顾虑评价"得罪人"，较之常态的评课就会更加客观。

8. 教学资源环境构成完整

"微课"选取的教学内容一般要求主题突出、指向明确、相对完整。它以教学视频片段为主线统整教学设计（包括教案或学案）、课堂教学时使用到的多媒体素材和课件、教师课后的教学反思、学生的反馈意见及学科专家的文字点评等相关教学资源，构成了一个主题鲜明、类型多样、结构紧凑的"主题单元资源包"，营造了一个真实的"微教学资源环境"，这使得"微课"资源具有视频教学案例的特征。广大教师和学生在这种真实的、具体的、典型案例化的教与学情景中易于实现"隐性知识""默会知识"等高阶思维的学习，并实现教学观念、技能、风格的模仿、迁移和提升，从而迅速提升教师的课堂教学水平，促进教师的专业成长，提高学生的学业水平。就学校教育而言，微课不仅成为教师和学生的重要教育资源，而且也构成了学校教育教学模式改革的基础。

微课可以根据课堂教学方法和主要环节（进程）进行分类。

1. 按照课堂教学方法来分类

根据李秉德教授对我国中小学教学活动中常用的教学方法的分类总结，同时也为了便于一线教师对微课分类的理解和实践开发的可操作性，编者初步将微课划分为 11 类，分别为讲授类、问答类、启发类、讨论类、演示类、练习类、实验类、表演类、自主学习类、合作学习类、探究学习类，如表 1-1 所示。

表 1-1　按照课堂教学方法分类微课

分类依据	常用教学方法	微课类型	适用范围
以语言传递信息为主的方法	讲授法	讲授类	适用于教师运用口头语言向学生传授知识（例如描绘情境、叙述事实、解释概念、论证原理和阐明规律）。这是中小学最常见、最主要的一种微课类型
	（问答法）谈话法	问答类	适用于教师按一定的教学要求向学生提出问题，要求学生回答，并通过问答的形式来引导学生获取或巩固知识
	启发法	启发类	适用于教师在教学过程中根据教学任务和学习的客观规律，从学生的实际出发，采用多种方式，以启发学生的思维为核心，调动学生的学习主动性和积极性
	讨论法	讨论类	适用于在教师指导下，由全班或小组围绕某一个中心问题，通过发表各自的意见和看法，共同研讨，相互启发，集思广益地进行学习
以直接感知为主的方法	演示法	演示类	适用于教师在课堂教学时把实物或直观教具展示给学生看，或者做示范性的实验，或通过现代教学手段，通过实际观察获得感性知识，以说明和验证所传授的知识
以实际训练为主的方法	练习法	练习类	适用于学生在教师的指导下，依靠自觉的控制和校正，反复地完成一定动作或活动，借以形成技能、技巧或行为习惯，尤其适合工具性学科（例如语文、外语、数学等）和技能性学科（例如体育、音乐、美术等）
以实际训练为主的方法	实验法	实验类	适用于学生在教师的指导下，使用一定的设备和材料，通过控制条件的操作过程，引起实验对象的某些变化，从观察这些现象的变化中获取新知识或验证知识。在物理、化学、生物、地理和自然常识等学科的教学中，实验类微课较为常见

续表

分类依据	常用教学方法	微课类型	适用范围
以欣赏活动为主的方法	表演法	表演类	适用于在教师的引导下，组织学生对教学内容进行戏剧化的模仿表演和再现，以达到学习交流和娱乐的目的，促进审美感受和提高学习兴趣。表演一般分为教师的示范表演和学生的自我表演两种类型
以引导探究为主的方法	自主学习法	自主学习类	适用于以学生作为学习的主体，通过学生独立的分析、探索、实践、质疑、创造等方法来实现学习目标
	合作学习法	合作学习类	合作学习（Collaborative Learning）是一种通过小组或团队的形式组织学生进行学习的策略
	探究学习法	探究学习类	适用于学生在主动参与的前提下，根据自己的猜想或假设，运用科学的方法对问题进行研究，在研究过程中获得创新实践能力、思维发展和知识体系构建

值得注意的是，一节微课作品一般只对应于某一种微课类型，但也可以同时属于两种或两种以上的微课类型的组合（例如提问讲授类、合作探究类等），其分类不是唯一的，应该保留一定的开放性。同时，由于现代教育教学理论的不断发展、教学方法和手段的不断创新，微课类型也不是一成不变的，需要教师在教学实践中不断发展和完善。

2. 按照课堂教学主要环节（进程）来分类

微课类型可分为课前复习类、新课导入类、知识理解类、练习巩固类、小结拓展类。其他与教育教学相关的微课类型有说课类、班会课类、实践课类、活动类等。

1.2.3 常规课堂教学的微课应用

随着科技的不断发展和创新，微课作为新型课程资源和一种全新的教育教学方式，正在受到越来越多教育工作者的欢迎和应用。微课在常规课堂教学中的应用主要体现在以下 4 个方面（如图1-7所示）。

1. 知识点引入

教师可以在上课前制作一些介绍课程内容或教学重点的微课，通过演示、动画和 PPT 等形式引导学生更好地理解和掌握知识点。

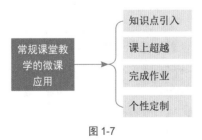

图 1-7

2. 课上超越

教师可以在课堂上与学生分享微课的内容，让学生进一步理解和掌握知识点。

3. 完成作业

微课也可以成为学生完成作业的一种重要辅助方

式。教师可以制作一些合适的微课，让学生在课下观看，提高学生对所学课程内容的理解和掌握。在提交作业时，学生可以检查作业的完成情况，回顾学习重点并反思自己学习的盲点。

4. 个性定制

另外，还可以根据学生的不同学科、知识和能力水平，为学生单独设置与输出个性化微课。通过个性化微课，教师可以为不同的学生制定不同的学习计划，从而更好地针对学生的特点和需要进行教学。

1.3　微课的制作方法

按照制作方法的不同，微课可以分为录屏类、拍摄类、软件合成类以及混合类。本节将详细介绍这 4 类微课的制作方法。

1.3.1　录屏类

录屏类微课包括以下 7 个制作步骤（如图 1-8 所示）。

Step01 准备录屏软件，例如 Camtasia、OBS 等。

Step02 确定录制内容和讲解方式，准备 PPT 或其他辅助材料。

Step03 打开录屏软件，设置录制区域和音频输入设备。

Step04 开始录制，同时进行讲解和操作演示。

Step05 录制完成后进行剪辑和编辑，添加必要的字幕、音效和特效等。

Step06 导出视频格式，例如 MP4、AVI 等。

Step07 上传至相应的平台或网站，分享给需要的人群。

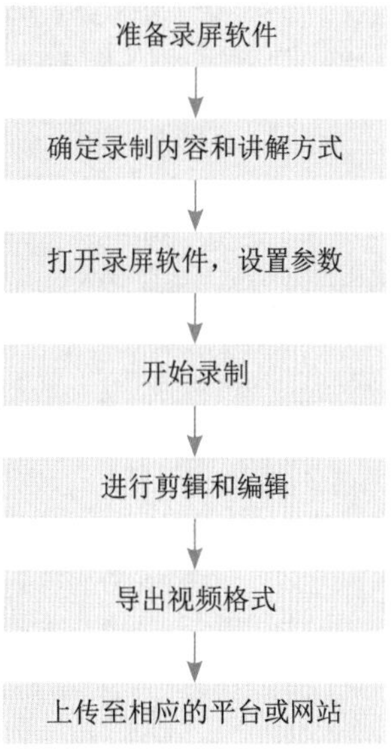

注意事项

（1）在录制前要测试录屏软件和音频设备是否正常。

（2）讲解要清晰、简洁、易懂。

（3）操作演示要流畅、准确、规范。

（4）剪辑和编辑要精细、合理、有条理。

（5）导出视频要选择合适的分辨率和码率，以保证视频质量和大小的平衡。

图 1-8

1.3.2　拍摄类

拍摄类微课包括以下 7 个制作步骤，（如图 1-9 所示）。

Step01 确定微课主题和目标受众。

图 1-9

图 1-10

Step02 编写教学大纲和脚本。

Step03 准备拍摄设备，包括摄像机、麦克风、灯光等。

Step04 选择拍摄场地和布置场景。

Step05 进行拍摄，注意画面要稳定、声音要清晰、光线要适宜。

Step06 后期制作，包括剪辑、配音、配乐、特效等。

Step07 导出视频并进行发布和推广。

1.3.3　软件合成类

软件合成类微课包括以下 7 个制作步骤，（如图 1-10 所示）。

Step01 确定微课的主题和内容，明确要传授的知识点和技能。

Step02 选择合适的软件工具，例如 Camtasia、Adobe Captivate 等，用于录制屏幕操作和制作动画效果。

Step03 编写脚本，设计微课的结构和流程，确定每个知识点的讲解方式和示范操作。

Step04 制作 PPT 或其他辅助材料，用于配合讲解和演示。

Step05 利用软件工具录制屏幕操作和制作动画效果，根据脚本进行讲解和演示。

Step06 对录制的视频进行剪辑和编辑，添加字幕、音效等元素，提高微课的质量和吸引力。

Step07 导出视频文件，上传到相应的平台或网站，与学员分享和交流。

1.3.4　混合类

混合类微课是指将多种教学资源进行组合，例如图文、音频、视频、PPT 等，以达到更好的教学效果。混合类微课包括以下 6 个制作步骤，（如图 1-11 所示）。

Step01 确定内容和目标：确定微课的教学内容、学习目标和教育效果。

Step02 制作教学资源：根据教学内容和学习目标选择适合的教学资源制作工具，例如 PPT、录音软件、录屏软件等，制作出相应的资源。

Step03 整合教学资源：将制作好的教学资源整合在一起，可以采用PPT等软件将文字、图片和视频等合并到一起，形成一个连贯的教学资源。

Step04 加上交互式元素：为了提高学习者的积极参与度，可以在微课中增加交互式元素，例如问题答案、互动测试、讨论等。

Step05 优化教学设计：根据实际情况对微课进行优化设计，调整教学内容和方式，以提高学习的效果。

Step06 测试和评估：经过制作和优化后的微课需要进行测试和评估，以验证教育效果，可以采用考试、问卷调查等方式进行评估。

总之，制作混合类微课需要考虑到教学目标和学习者的需要，并使用合适的教学资源和方法，加上交互式元素和优化设计，以提高微课的教育效果。

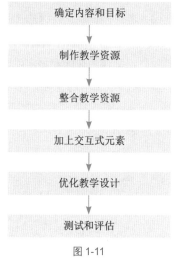

图 1-11

1.4 课堂实训——微课的制作流程

在做任何事情之前，都需要规划和设计，了解做事情的整个流程，制作微课也不例外。一节完整的微课开发环节应该包括选题规划、编辑脚本、准备工作、录制课程以及后期处理等环节。本节将详细介绍微课的制作流程。

1.4.1 选题规划

选题规划是制作微课的第一步，好的选题有助于提高微课的吸引力和教育效果。微课的选题规划要考虑以下6个方面，（如图1-12所示）。

（1）了解受众群体：要了解受众群体的年龄、学习层次、学科和兴趣爱好等方面的特点，确定微课的受众群体以及他们的学习需求，以便更好地选题。

（2）考虑教育实际：微课制作需要考虑教育实际，要解决学生在学习中存在的疑惑和难点，体现教学的重点和难点，以提高微课的教育效果。

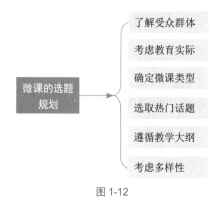

图 1-12

（3）确定微课类型：微课有讲解型、演示型、导读型等多种类型，确定微课的类型有助于确定微课的制作方法和选题范围。

（4）选取热门话题：选取当前热门话题，比如社会热点、科技前沿、世界杯等，可以增加微课的关注度。

（5）遵循教学大纲：制作微课需要遵循教学大纲，将微课的选题和教学内容与教学大纲相对应，实现教与学的有机结合。

（6）考虑多样性：微课的选题要考虑多样性，涉及不同学科、不同领域、不同难易程度的选题，以满足不同学生的需要。

总之，微课的选题规划需要以学生为中心，从学生的需求和教育实际出发，关注当前热门话题，遵循教学大纲，考虑多样性，形成选题。

1.4.2 编辑脚本

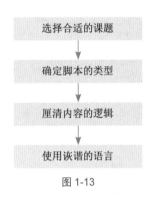

图 1-13

脚本，通常指表演戏剧、拍摄电影等所依据的底本或文稿。微课作为一种视频呈现形式，同样需要一个底本或文稿，微课脚本的设计需要以下 4 个步骤，如图 1-13 所示。

1. 选择合适的课题

并不是所有的知识点都适合做微课，能够被选作微课的课题应该满足小、巧、精 3 个条件。

● 小：小是指知识主题小，一个微课只讲一个特定的知识点或一个问题，3 ～ 9 分钟就能将其讲清楚，如果涉及其他知识点，则另设微课。

● 巧：巧是指所选题材是教学中的重点、难点。微课是为了解决学生在学习中遇到的问题，所以在选题上要尽量挑选学生学习中容易混淆、出错的内容进行制作，使之成为解决重点难点的有力武器。

● 精：微课的课题应当是精选的，其内容必须且只能用视频呈现。如果使用黑板教学或进行活动实践的教学效果更佳，则不适合用作微课的选题。例如制作面包怎样发酵的微课，教师口述或图片都不能直观表达，将其制作成动态演示就成为了必需。

2. 确定脚本的类型

这一步是要根据具体内容来确定脚本的类型。脚本包括 4 种类型，即知识原理类、技能操作类、问题解决类、案例故事类。

3. 厘清内容的逻辑

不同的微课类型有不同的方法和逻辑来"讲清楚"。

● 知识原理类：用"是什么""为什么""怎么做"的方式进行讲解，即 2W1H 法。

● 技能操作类：可以用一个操作错误作为引爆点，分析其错误的关键点，继而讲解正确的操作方法，最后进行总结。

● 问题解决类：既然是问题，则可以先提出问题，继而分析问题、讲解技能，最后得出问题的解决方案。

● 案例故事类：用故事来讲解知识点往往可以收到很好的效果，这是因为与直接讲解相比，观众更喜欢听故事。集齐故事的元素（时间、地点、人物、情节），创建故事的层次（开端、发展、高潮、结尾），就可以开始讲故事了。

4. 使用诙谐的语言

使用接地气的语言与学生对话，多使用"我们"而非"你"，可以加入当下的流行词，让微课与学生"打成一片"。

下面是为读者提供的一份微课脚本设计模板。

录制时间：　年　月　日　　　　　　　　　　　　　　　微课时间：　分钟

系列名称			
知识点来源	学科：＿＿＿＿　年级：＿＿＿＿　教材：＿＿＿＿＿＿＿＿　章节：＿＿＿＿ 页码：＿＿＿＿		
基础知识			
教学类型			
设计思路			
教学过程			
	内容	画面	时间
一、片头（20秒以内）	内容：您好，本节微课讲解……	第　至　张幻灯片	20秒以内
二、正文讲解	第一节内容：	第　至　张幻灯片	秒
	第二节内容：	第　至　张幻灯片	秒
	第三节内容：	第　至　张幻灯片	秒
三、结尾（20秒以内）	内容：感谢您认真听完本节微课，下一节微课将讲解……	第　至　张幻灯片	20秒以内
教学反思 （自我评价）			

1.4.3　准备工作

在设计好微课脚本以后，接下来需要为录制微课做准备，准备工作主要分为硬件和软件两个方面。

1. 制作微课需要的硬件

（1）录像设备：如果微课是真人出镜的课程，那么就需要准备一个像素不低的录像设备，必要时还要准备一个稳定装置。

（2）录音设备：如果是短期制作微课，选用手机或者耳机上的录音设备即可。

（3）计算机：最重要的是要有一台计算机，这里建议选用 Windows 10 以上版本的计算机，在操作的便捷性和软件的兼容性上都能给录制工作提供更稳定的服务。

（4）手写板：除此之外还有一个教师很喜欢的设备，那就是手写板，手写板可以帮助教师更好地在设备上进行书写。

2. 制作微课需要的软件

制作微课需要的软件分为两类，分别是录制软件和剪辑软件。

录制软件就是记录用户在设备上的操作行为的软件，同时也会把课件内容录制下来，完成微课信息的采集，例如 Camtasia Studio 等录屏软件。

剪辑软件是帮助用户提升微课质量的软件，在录制过程中难免会有许多突发情况，突发的噪声和不自主的停顿都可以通过这些软件去除。在选择剪辑软件时不必过度看重软件的专业效果，容易上手、操作难度不大的软件才是适合的，例如剪映、Premiere 等视频剪辑软件。

1.4.4　录制课程

在完成制作微课的准备工作以后，就可以根据微课脚本录制视频了。微课的类型不同，所选用的录制工具也不相同，具体录制方法可根据 1.3 节进行选择。

1.4.5　后期处理

后期处理是制作微课的一项重要工作，包括增加片头和片尾，视频的裁剪、插入，添加转场、特效、字幕，抠像，添加动态标注，为音频降噪以及设置音画同步等。通常使用的微课后期处理软件有 Camtasia Studio、会声会影、Edius、Premiere 和 Cooledit 等。

1.5　思考与练习

一、填空题

1. 创作人员先从总体上对信息进行分类组织，然后把_____、图形、图像、声音、_____、影像等多种媒体素材在时间和空间两个方面进行集成，使其融为一体，并赋予交互特性，从而制作出各种精彩纷呈的多媒体课件。

2.多媒体课件可以分为_____和_____两类。多媒体课件具有丰富的表现力、良好的交互性和_____3个优点。

二、判断题

1.微课的选题规划要考虑受众群体、教育实际、微课类型、热门话题、教学大纲以及多样性6个方面的内容。（　　）

2.微课的选题规划需要以学生为中心，从学生的需求和教育实际出发，关注当前热门话题，遵循教学大纲，考虑多样性，形成选题。（　　）

三、思考题

1.简述录屏类微课的制作步骤。

2.简述混合类微课的制作步骤。

第 2 章　微课的规划与设计

本章要点

- 微课教学规划设计
- 教学媒体要素
- 微课视频脚本

本章主要内容

本章介绍微课教学规划设计、教学媒体要素和微课视频脚本方面的知识与技巧，在本章的最后还针对实际工作需求讲解了制作微课工作台本的方法。通过本章的学习，读者可以掌握微课的规划与设计，为深入学习微课制作奠定基础。

2.1　微课教学规划设计

一节成功的微课需要具备很多条件，例如明确的教学目标、热门的教学内容以及清晰的课程结构等。规划微课能够帮助教师发挥特长，突显微课的优势，也能在很大程度上提升微课的成功率。

2.1.1　确定教学目标

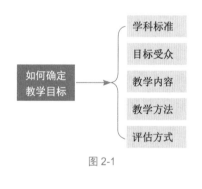

图 2-1

确定微课的教学目标需要考虑以下 5 个方面（如图 2-1 所示）。

1. 学科标准

参考相关的学科标准，了解该学科领域的基本知识和技能要求。

2. 目标受众

明确微课的目标受众是谁，比如是学生、职场人士还是其他人群，根据不同受众的需求和背景来确定教学目标。

3. 教学内容

根据选择的教学内容确定具体的教学目标，例如让学生掌握某一技能或者理解某一概念。

4. 教学方法

根据采用的教学方法确定教学目标的具体表现形式。例如，如果采用演示法，目标可能是让学生独立完成某一操作；如果采用案例分析法，目标可能是让学生分析和解决实际问题。

5. 评估方式

确定学生达到教学目标的标准，例如通过小测验、作业、项目等方式进行评估。

总之，确定微课的教学目标需要结合自己的专业领域和教学经验，同时也需要考虑目标受众的需求和兴趣，确保目标具有明确性、可衡量性和可达性。

2.1.2　选择教学内容

微课教学内容的选择应该考虑以下 4 个方面（如图 2-2 所示）。

1. 目标受众

微课的目标受众是谁？是初学者还是进阶者？是年轻人还是老年人？针对不同受众，选择的教学内容和难度也应该不同。

图 2-2

2. 教学目的

微课的教学目的是什么？是传授基础知识还是提高实践技能？根据不同的目的，选择的教学内容也应该有所区别。

3. 教学领域

微课的教学领域是什么？是语言学习、职业技能还是艺术欣赏？选择的教学内容应该与所在的领域相关，并且符合受众的兴趣和满足受众的需求。

4. 教学资源

微课的教学资源是什么？是否有足够的案例、图片、视频等多媒体素材来支持教学？选择的教学内容应该能够充分利用现有的教学资源。

总之，选择微课的教学内容需要考虑多方面因素，以确保教学效果最佳。

2.1.3　规划微课结构

规划微课结构需要考虑以下 5 个方面（如图 2-3 所示）。

1. 教学目标

明确微课的教学目标，即想要学生通过这个微课学到什么知识或技能。根据教学目标确定微课的主题和内容。

2. 分段设计

将微课内容分成若干段，每段内容都应该有一个明确的主题或目标。在每一段的开始和结尾要设计合适的过渡和总结，以便学生能更好地理解和消化所学内容。

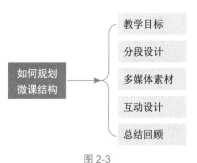

图 2-3

3. 多媒体素材

为了提高微课的吸引力和可视性，可以使用多媒体素材（例如图片、视频、音频等）来支持教学。在选择多媒体素材时要注意素材的质量和版权问题。

4. 互动设计

在微课中可以加入一些互动环节，例如问答、练习、小测验等，以激发学生的学习兴趣和参与度。互动环节的设计要根据教学目标和学生的实际情况进行，以达到最佳的教学效果。

5. 总结回顾

在微课的结尾要对所学内容进行总结回顾，强化学生的记忆和理解，同时还可以提供一些拓展资源和学习建议，以帮助学生更好地掌握所学知识和技能。

总之，规划微课结构需要有一个清晰的教学目标和分段设计，同时结合多媒体素材和互动环节，让学生更加主动地参与学习，最终达到良好的教学效果。

2.2 教学媒体要素

微课教学的媒体要素包括文字、图片、视频、图表和表格、声音和课件脚本等。

2.2.1 文字

微课视频的文字需要注意字体和字数两个方面。

1. 字体

一节优秀的微课视频，文字的设置是很重要的一个方面。对于微课视频的文字来说，影响文字外观的第一点就是字体。

一般来说，特殊的微课视频要用特殊的字体来体现，比如针对小学低年级儿童的微课教学视频，文字就应该使用适合儿童的字体，采用比较可爱的风格；对于专业类微课，例如美术或者书法，展示的文字需要使用一些具有书法效果的特殊字体。

没有特殊要求的微课视频，在录制的时候可以考虑微软雅黑、黑体、宋体和楷体等常用的字体。画面中字体的种类不要过多，一般不超过 3 种最好，以免分散观者的注意力，造成不必要的疲劳。不同字体间要有合适的搭配，比如标题文字使用了微软雅黑字体，那么正文文字就使用宋体，也可以标题使用黑体，而正文使用楷体，这样搭配比较美观。

文字不要过大或者过小，过大会影响画面的协调，过小会造成阅读困难。通常，视频中标题文字的大小为 44 磅，一级文字的大小为 32 磅，二级文字的大小为 28 磅。在一个场景中，文字大小的反差不要过大，控制在正负 10 磅以内即可。

2. 字数

微课视频的文字不是越多越好。如果微课视频的文字过多会影响视频画面的美观，同时会影响学生对信息的接受，降低学习效果。视频中若有大量文字，也不能突出主题，会让人分不清主次，不方便阅读。

那么微课视频中的文字多少为好呢？一个简单的标准：以提示要点为目标，能够让学生在短时间内看完画面上的文字为宜。为了实现这个目标，又要根据不同学段来确定。比如小学低年级的微课视频，画面文字最好不超过 20 个；小学中年级的微课视频，字数可以略微多一些，25 个左右；小学高年级的微课视频，文字不超过 30 个为好；初中和高中年级的微课视频，文字也不要太多，不超过 35 个为宜。

微课的内容要精简，提炼关键信息，将描述和解释说明的部分去掉，确保关键内容被学生看到。对于内容的描述和解释等，教师最好通过语言来引导学生理解。对于要点的归纳，文字一般不要超过 5 个。

如果必须显示大量文字，可以分批显示，不用把文字全部放在一个画面中。

2.2.2　图片

微课视频对图片的要求通常包括以下 5 个方面（如图 2-4 所示）。

1. 分辨率

微课视频中的图片应该具有足够的分辨率，以确保在不同尺寸的屏幕上都能够清晰地显示。一般来说，建议使用分辨率为 1920×1080 或更高的图片。

2. 格式

微课视频中应采用常见的图片格式，例如 JPG、PNG 等。这些格式具有广泛的兼容性，可以在不同的平台和设备上播放。

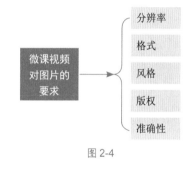

图 2-4

3. 风格

为了保持微课视频的视觉统一性，建议采用相似的风格和色彩搭配，以使整个视频看起来更加协调，并且图片应该与讲解内容相符，有针对性；图片要美观、生动，能够吸引学生的眼球。

4. 版权

在使用图片时务必注意版权问题，如果需要使用他人的图片，一定要获得授权，或者使用免费版权图片。

5. 准确性

图片要准确无误，不允许有错误或误导性的描述。

总之，微课视频中的图片应该具有足够的清晰度和兼容性，同时要注意风格和版权等问题。

2.2.3 视频

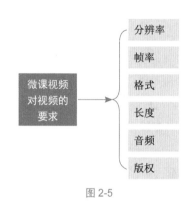

图 2-5

微课视频对视频的要求通常包括以下 6 个方面（如图 2-5 所示）。

1. 分辨率

微课视频中的视频应该具有足够的分辨率，以确保在不同尺寸的屏幕上都能够清晰地显示。一般来说，建议使用分辨率为 1920×1080 或更高的视频。

2. 帧率

微课视频中的视频应该具有足够的帧率，以确保视频的播放流畅，建议使用 30 帧 / 秒或更高的帧率。

3. 格式

微课视频中视频的应采用常见的视频格式，例如 MP4、AVI 等。这些格式具有广泛的兼容性，可以在不同的平台和设备上播放。

4. 长度

微课视频的长度应该控制在较短的时间内，一般不超过 10 分钟，以确保学生能够集中注意力。

5. 音频

微课视频中的音频应该清晰、准确，同时音量适中，避免出现噪声或者不清晰的情况。

6. 版权

在使用视频时务必要注意版权问题，如果需要使用他人的视频，一定要获得授权，或者使用免费版权视频。

2.2.4 图表

微课视频对图表的要求通常包括以下 4 个方面（如图 2-6 所示）。

1. 清晰度

微课视频中的图表应该具有足够的清晰度，以确保学生能够清晰地看到其中的内容。一般来说，建议使用高分辨的图表。

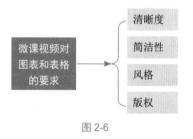

图 2-6

2. 简洁性

微课视频中的图表应该尽量简洁明了，避免出现过于复杂的数据和图形，同时也要注意图表的排版，保证其易于理解和阅读。

3. 风格

为了保持微课视频的视觉统一性，建议采用相似的风格和色彩搭配，以使整个视频看起来更加协调。

4. 版权

在使用图表时务必要注意版权问题，如果需要使用他人的图表，一定要获得授权，或者使用免费版权图表。

总之，微课视频中的图表应该具有足够的清晰度、简洁性和风格统一性，同时要注意版权等问题。

2.2.5　声音

微课视频对声音的要求通常包括以下 5 个方面：

（1）外部环境一定要安静，无噪声，否则听起来会让人很难受，后期也需要去除杂音，增加了工作量。

（2）主讲人一定要声音响亮，节奏感强，以避免听众走神。

（3）尽量使用通俗易懂的语言，避免古板、枯燥的书面语。

（4）声音必须和画面同步，这样才能让视频更加完美。

（5）声音的大小要保持一致，避免忽大忽小的情况。

2.2.6　课件脚本

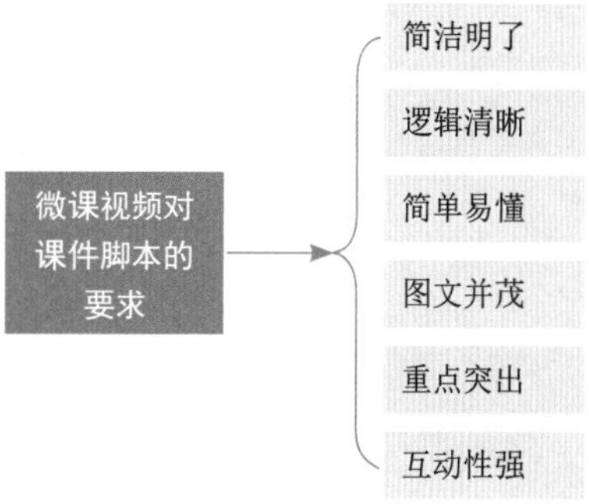

微课视频对课件脚本的要求通常包括以下 6 个方面，如图 2-7 所示。

1. 简洁明了

微课视频的时长通常较短，因此课件脚本需要简洁明了、突出重点，避免冗长叙述。

2. 逻辑清晰

课件脚本需要按照逻辑顺序编写，让学生能够清晰地知道知识点的先后关系。

图 2-7

3. 简单易懂

微课视频的受众通常是初学者，因此课件脚本需要用简单易懂的语言，避免使用过于专业的术语和复杂的句子结构。

4. 图文并茂

课件脚本需要配合图片、表格等多媒体素材，让学生更加直观地理解知识点。

5. 重点突出

课件脚本需要突出重点，让学生能够快速掌握核心知识点。

6. 互动性强

课件脚本需要设计互动环节，让学生能够积极参与学习，提高学习效果。

2.3 微课视频脚本

微课视频脚本是制作微课视频的重要基础，它直接影响到微课视频的质量和效果。一个好的微课视频脚本应该具有简洁明了、结构清晰、重点突出、语言生动、适合受众的优点。

2.3.1 脚本内容

微课视频脚本的内容包括以下 6 个方面（如图 2-8 所示）。

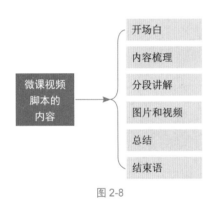

图 2-8

1. 开场白

介绍本节微课的主题和目的，引起观众的兴趣。

2. 内容梳理

对本节微课的内容进行简要梳理，让观众了解本节微课的大致内容。

3. 分段讲解

将微课的内容分成若干个段落，每个段落讲解一个重点内容，让观众更容易理解。

4. 图片和视频

在讲解过程中可以适当加入图片和视频，让观众更加直观地了解所讲内容。

5. 总结

在讲解结束时对微课的内容进行总结，强调重点，让观众更好地掌握所学知识。

6. 结束语

在微课结束时可以适当加入一些结束语，例如感谢观看、鼓励学习等，让观众感受到关心和鼓励。

2.3.2　脚本的编写要求

微课视频脚本的编写要求包括以下 7 个方面（如图 2-9 所示）。

1. 简洁明了

脚本应该简洁明了，用简单易懂的语言表达。

2. 结构清晰

脚本应该有一个清晰的结构，包括引言、主体和结论。

3. 合理的长度

脚本应该足够短小，当然不够长也不好。

4. 语言生动

脚本应该用生动的语言和有趣的例子来吸引观众的兴趣。

图 2-9

5. 重点突出

脚本应该突出重点，并强调要点。

6. 配合图像

脚本需要配合图像，更加直观的描述所讲内容。

7. 符合视频要求

脚本应该符合视频的风格，尽可能贴近观众的心理需求。

2.3.3　脚本内容的技术实现

微课视频脚本内容的技术实现需要考虑以下 5 个方面的因素（如图 2-10 所示）。

1. 视频录制

根据脚本内容，需要录制相应的视频镜头。录制视频可以使用专业的摄影设备或智能手机等，同时需要注意灯光、声音等的控制。

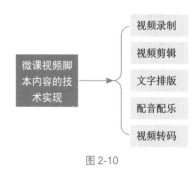

图 2-10

2. 视频剪辑

录制好的视频需要进行剪辑处理，把不必要的部分删除，选取最合适的镜头，使视频内容更加流畅、生动。

3. 文字排版

微课脚本需要进行文字排版，把文字内容分段、分行，使其清晰、易读。

4. 配音配乐

可以根据需要为微课视频添加配音和配乐，使视频更加生动、有趣。

5. 视频转码

最后需要将视频文件转码为常见的视频格式，以便在各种设备上播放。

以上技术实现需要使用一些专业的软件，例如视频编辑软件、字幕编辑软件、音频编辑软件等，同时制作需要具有一定的技术和经验。

2.4 课堂实训——制作微课工作台本

微课工作台本是确定整个微课录制流程的基础，所有工作人员都必须严格按照工作台本来录制，这样既节省录制时间又能有效提高后期制作效率。

2.4.1 确定工作人员

如果想要制作出一系列优秀的、具有商业价值的微课视频，单靠个人是行不通的，背后需要有一个专业的运营团队来进行分工合作，其中主要包括主讲人、视频的录制和后期编辑人员、流量分析和运营人员 3 类，如图 2-11 所示。下面分别介绍这 3 类成员的具体职责。

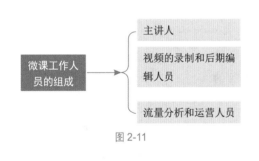

图 2-11

1. 主讲人

主讲人主要负责讲解专业的知识点，是微课视频的核心。

2. 视频的录制和后期编辑人员

视频的录制人员负责引导主讲人录制视频，控制视频的节奏；后期编辑人员负责完善和美化视频内容。

3. 流量分析和运营人员

流量分析和运营人员的职责如下：

（1）分析受众的需求，与主讲人的主题匹配，使得分享的内容更有针对性。

（2）整体调研，从调研中找出共性多的业务痛点。

（3）由组长分配，组员领取某一业务痛点，一对一与被调研者沟通其业务痛点的具体信息，尽量有具体的情境和行为。分析结果需要反馈到微课运营组群内。

（4）对于分析结果，其他组员可提出建议来完善，确定最终版本。

（5）与主讲人深度沟通，梳理知识点与课程逻辑。

（6）作为主讲人与受众的连接通道，将确定的需求分析结果反馈给主讲人，并协助将分享内容与需求分析结果结合起来。

（7）根据需求分析结果寻找适合的主讲人。

（8）将需求分析结果及建议主题与主讲人沟通，确定分享的主要知识点及课程框架。

（9）做好培训营销和学习氛围营造的工作。

（10）将每期微课信息及时发布到受众群里，并积极转发朋友圈，扩大课程的影响。

2.4.2　制定工作流程

除了需要确定 1.4 节提到的微课制作流程以外，还需要确定每个流程所需的时间，要在规定的时间内完成各个流程，并需要在每天 / 周 / 月的固定时间段上传微课视频，使受众养成观看的习惯，进而成为忠实粉丝。如果不能按时上传微课视频，需要提前告知受众不能及时更新。

2.4.3　编写工作台本

微课视频工作台本的编写需要遵循以下 4 个原则，（如图 2-12 所示）。

1. 搭框架

搭框架指快速梳理微课的整体结构。一般来说，常规微课的结构包含 3 部分，分别是激活动机、传递新知、回归目标。这里以一个 7 分钟视频的微课为例，激活动机大致 1 分钟，要阐述微课的意义、价值，帮助学生建立继续看微课的兴趣。

图 2-12

传递新知就是讲知识的部分，也是微课的主体部分。此时分两种情况，如果受众对所讲的内容是熟悉的，通常直奔主题讲知识点；如果受众对所讲的内容是相对陌生的，可以在前面增加"是什么""为什么"等内容，让对方有基本的了解，然后再讲具体的知识点。

无论是否需要讲解"是什么""为什么"，接下来的知识点都要注意顺序关系，也可以理解为逻辑结构。一般来说，要么是流程，要么是要素。有时候把这条线叫作微课的主线。

如果有先后关系，那么最好用流程步骤；在没有先后关系时，可以按照重要性排序，即要素结构。

回归目标是微课的结尾，最简单的方式是把前面的内容总结一下。之所以用了"回归目标"这个词，是因为总结只是结尾的一种方式，还有其他方式可以使用。

2. 萃干货

萃干货也就是针对"传递新知"部分，深入分析，萃取干货。这一步很好理解，就是确定微课的具体知识点。

举个例子，刚才在框架中梳理了这个微课有 4 个部分，分别是搭框架、萃干货、精雕琢、撰文稿。现在问题来了，这 4 个部分分别讲什么呢？每个部分的干货是什么呢？

经过分析、思考等萃取动作，找到了具体知识点。例如"搭框架"，萃取出激活动机、传递新知、回归目标 3 个部分。对于"传递新知"，又进一步萃取出直奔主题讲知识点和前面增加"是什么""为什么"为讲解做铺垫两种情况。

所以，萃干货就是一个不断细分的过程。虽然这个模块很好理解，但是既要掌握干货的标准，又要了解萃取的技巧，还是很有挑战性的，需要更多课程的帮助。

3. 精雕琢

精雕琢也就是对脚本进行优化、加工，此时要注意以下 3 个标准：

（1）好微课要有素材，所以请检查是否有足够的素材来支撑内容。素材主要指例子、故事、数据、图示、视频等。

（2）参与互动靠设计，例如提问、测试、练习等小互动，如果设计进微课，能够增加知识点的记忆度。

（3）内容简洁好理解，例如知识点的讲解尽量遵循内容简洁好理解。例如知识点的讲解尽量不超过 5 个，因为过多的信息量不易理解和记忆。

4. 撰文稿

一般来说，最好按照逐字稿的标准来写微课脚本。如果对内容足够熟悉、了解，不需要逐字稿就能够录制，旁白非常流利，也可以不撰写逐字稿的脚本。不过这对大多数人来说话比较困难，尤其是从未录制过微课的人。

正常人讲话的语速是含标点符号每分钟 300 字左右，所以一个七八分钟的微课，包含标点符号在内大约要写 2000 字。

对于图文微课来说，最后的撰文稿可以省略，需要呈现的语句直接在制作页面时填写可能更高效一些。

如果是动画微课，建议画一张草图，想一想整个课程按照怎样的画面呈现出来，而且画面变换得频繁一些更好。

如果是真人拍摄的微课，除了文稿、草图以外，还要记录一些拍摄要求，例如拍摄环境、参与人物、动作细节、物资准备等，这样在拍摄时会更加高效。

2.5　思考与练习

通过本章的学习，读者基本上可以了解微课规划与设计需要掌握的基本知识，下面练习几道习题，以达到巩固与提高的目的。

一、填空题

1. 微课教学内容的选择应该考虑_____、教学目的、_____、教学资源 4 个方面的因素。

2. 微课视频的文字需要注意_____和_____两个方面。

二、判断题

1. 通常视频中标题文字的大小为 54 磅左右。（　　　）

2. 一般来说，微课中的图片建议使用分辨率为 1920×1080 或更高的图片。（　　　）

三、思考题

1. 简述微课视频对课件脚本的要求。

2. 简述微课视频脚本的内容。

第 3 章　使用 PowerPoint 制作课件

本章要点

- 课件的制作流程
- 设置幻灯片的版式及配色
- 编辑课件的文本和段落
- 添加媒体对象
- 设置幻灯片链接
- 为课件制作动画效果

本章主要内容

本章介绍课件制作流程、幻灯片的版式及配色设置、课件的文本和段落编辑、媒体对象添加和幻灯片链接设置，以及如何为课件制作动画效果，在本章的最后还针对实际的工作需求讲解了设计与制作美术课课件的方法。通过本章的学习，读者可以掌握使用 PowerPoint 制作课件的知识，为深入学习微课制作奠定基础。

3.1　PPT 课件的主要内容和制作流程

Microsoft Office PowerPoint 是微软公司的演示文稿软件。用户可以在投影仪或者计算机上演示，也可以将演示文稿打印出来，制作成胶片，以便应用到更广泛的领域中。使用 Microsoft Office PowerPoint 制作出来的东西叫演示文稿，其格式为 PPT、PPTX，也可以保存为 PDF 格式、图片格式等，在 2010 及以上版本中可以保存为视频格式。演示文稿中的每一页称为幻灯片。本节将介绍课件的主要内容以及使用 PowerPoint 制作课件的流程。

3.1.1　PPT 课件的主要内容

PPT 课件是一种用来演示和展示信息的电子文档，通常用于演示、培训、会议、教学等场合。PPT 课件主要包括以下 4 个方面（如图 3-1 所示）。

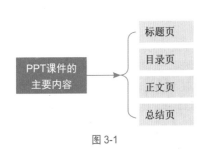

图 3-1

1. 标题页

标题页是课件的第一页，用于显示演示主题、演讲者姓名和机构等信息。

2. 目录页

目录页用于列出所有章节或主题，便于听众快速定位所需的内容。

3. 正文页

正文页用于展示演示内容的主体部分，展现形式包括文字、图片、表格、图表、动画、视频等。

4. 总结页

总结页用于概括演示内容，强调重点内容，并留下联系方式等信息。

PPT 课件的应用非常广泛，主要包括以下 4 个方面，如图 3-2 所示。

1. 教育教学

PPT 课件可以用于课堂教学、在线教育、培训等场景，
帮助教师更好地展示知识点，帮助学生更好地理解知识点。

2. 企业演示

PPT 课件可以用于销售演示、产品介绍、公司年度报告
等场景，帮助企业展示自身实力和优势。

图 3-2

3. 政府机构

PPT 课件可以用于政府宣传、公共服务、会议演讲等场景，帮助政府更好地向公众传递信息。

4. 个人使用

PPT 课件可以用于个人演讲、婚礼庆典、生日聚会等场合，帮助个人更好地展示自己的思想和
情感。

3.1.2　PPT 课件的制作流程

PPT 课件的制作流程包括以下 8 个步骤（如图 3-3 所示）。

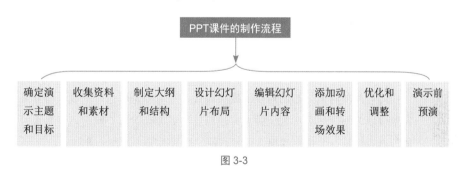

图 3-3

1. 确定演示主题和目标

首先需要明确演示主题和目标，确定要传达的信息内容和重点。

2. 收集资料和素材

根据演示主题和目标收集相关的资料和素材，例如文字、图片、视频、音频等。

3. 制定大纲和结构

根据收集到的资料和素材制定演示大纲和结构，明确每一页的内容和顺序。

4. 设计幻灯片布局

根据大纲和结构设计每一页的幻灯片布局，包括标题、正文、图片、表格等元素。

5. 编辑幻灯片内容

在每一页的幻灯片布局中填充相应的内容，包括文字、图片、表格等。

6. 添加动画和转场效果

为了增加幻灯片的趣味性和吸引力，可以添加动画和转场效果，使幻灯片更加生动。

7. 优化和调整

在制作完成后需要对幻灯片进行优化和调整，包括字体、颜色、大小、排版等方面。

8. 演示前预演

最后需要在演示前进行预演，检查幻灯片的播放是否流畅、清晰、合理，确保演示效果最佳。
以上流程可以根据实际情况进行调整和优化。

3.2 设置幻灯片的版式及配色

大多数演示文稿都由多张幻灯片组成，确保所有的幻灯片具有相同的背景、字体和文本位置可以提高幻灯片的美观性。为了实现这些目标，PowerPoint 提供了版式功能。本节将详细介绍如何设置幻灯片的版式及配色，为制作具有吸引力、一致性和易于管理的 PPT 课件奠定基础。

3.2.1 设置幻灯片的背景

 幻灯片的背景是指幻灯片的底层设计，它可以是单色、渐变、图片或图案等。背景可以为幻灯片增加视觉效果，使幻灯片更加吸引人。同时，背景也可以为幻灯片的内容提供一个统一的视觉框架，使幻灯片看起来更加专业和整洁。

实例文件的保存路径：配套素材 \ 第 3 章 \ 素材文件 \3.2.1
实例效果文件的名称：3.2.1.pptx

Step01 打开素材文件，① 选择"设计"选项卡，② 单击"自定义"下拉按钮，③ 单击"设置背景格式"按钮，如图 3-4 所示。

Step02 打开"设置背景格式"窗格，① 选择"纯色填充"单选按钮，② 单击"颜色"下拉按钮，③ 选择一种颜色，如图 3-5 所示。

图 3-4

图 3-5

Step 03 可以看到所选的第 1 张幻灯片的背景已经变为刚选择的颜色，单击底部的"应用到全部"按钮，如图 3-6 所示。

Step 04 可以看到 4 张幻灯片的背景都已经应用刚选择的颜色，如图 3-7 所示。

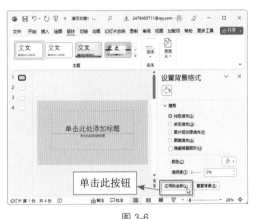

图 3-6

图 3-7

经验技巧

幻灯片的背景除了可以是纯色填充以外，还可以是渐变、图片、纹理或图案填充。

3.2.2　幻灯片的版式

在"开始"选项卡中单击"版式"下拉按钮，在弹出的"Office 主题"库中显示了 PowerPoint 的 11 种版式，包括标题幻灯片、标题和内容、节标题、两栏内容、比较、仅标题、空白、内容与标题、图片与标题、标题和竖排文字以及竖排标题与文本，用户可以根据需要自行选择，如图 3-8 所示。

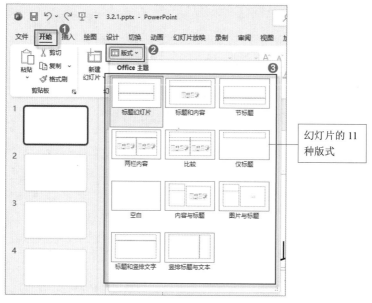

图 3-8

3.2.3　幻灯片的快速配色

用户还可以为幻灯片快速配色。为幻灯片快速配色的方法非常简单，首先选择一种主题，然后选择一种配色即可。下面详细介绍为幻灯片快速配色的方法。

实例文件的保存路径：配套素材 \ 第 3 章 \ 素材文件 \3.2.3

实例效果文件的名称：3.2.3.pptx

Step01 打开素材文件，① 选择"设计"选项卡，② 在"主题"组中选择一种主题，如图 3-9 所示。

图 3-9

Step02 ① 单击"变体"下拉按钮，② 选择"颜色"选项，③ 在列表中选择一种配色样式，如图 3-10 所示。

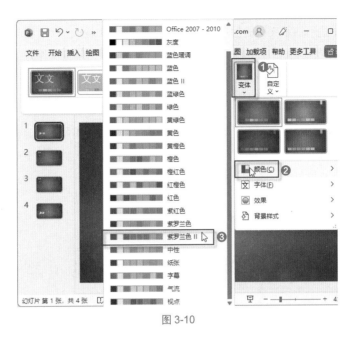

图 3-10

Step03 可以看到主题的整体配色发生了改变，通过以上步骤即可完成快速给幻灯片配色的操作，如图 3-11 所示。

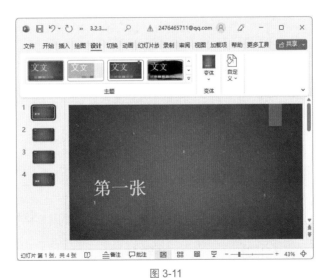

图 3-11

知识常识 ....

　　PowerPoint 的主题包括画廊、环保、回顾、积分、离子、离子会议室、平面、切片、丝状、地图集、天体、幻灯片、主要事件、剪切、包裹、基础、深度、大都市、带状、引用、徽章、木材纹理、柏林、框架、水汽尾迹、水滴、电路、石板、红利、麦迪逊、网状、肥皂、花纹和风景等。

3.3 编辑课件的文本和段落

在 PowerPoint 中进行演示文稿的创建以后，需要在幻灯片中输入文本，并对文本格式和段落格式等进行设置，从而使演示文稿风格独特、样式美观。本节将介绍编辑课件的文本和段落的方法。

3.3.1 输入与编辑文本

在 PowerPoint 中，单击以虚线边框标识的占位符中的任意位置即可输入文本，或者先在幻灯片中添加文本框，然后在文本框中输入文本。下面详细介绍在占位符中输入文本和在文本框中输入文本的方法。

> 实例文件的保存路径：配套素材 \ 第 3 章 \ 素材文件 \3.3.1
>
> 实例效果文件的名称：3.3.1.pptx

Step01 打开素材文件，选中第 1 张幻灯片，将鼠标指针移至"单击此处添加标题"占位符上单击，如图 3-12 所示。

Step02 可以看到光标定位在占位符中，使用输入法输入内容，如图 3-13 所示。

图 3-12

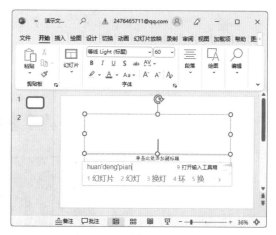

图 3-13

Step03 按空格键完成输入，完成在占位符中输入文本的操作，如图 3-14 所示。

图 3-14

Step04 选中第 2 张幻灯片，① 选择"插入"选项卡，② 单击"文本"下拉按钮，③ 单击"文本框"下拉按钮，④ 选择"绘制横排文本框"选项，如图 3-15 所示。

Step05 在幻灯片中单击并拖动鼠标指针绘制文本框，至适当位置释放鼠标左键，如图 3-16 所示。

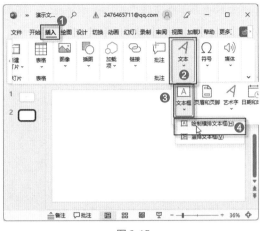

图 3-15

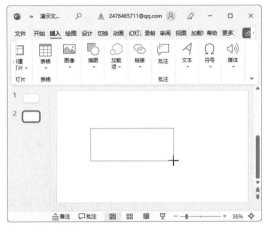

图 3-16

Step06 使用输入法输入文本，如图 3-17 所示。

Step07 按空格键完成输入，完成在文本框中输入文本的操作，如图 3-18 所示。

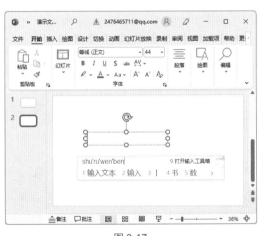

图 3-17

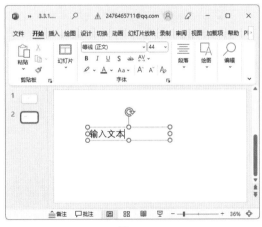

图 3-18

3.3.2　设置字体和字号

用户可以根据演示文稿所要表达的内容将文稿中的文本设置为符合要求的格式，例如设置字体、字号、字体样式等，从而使演示文稿更加美观，使宣传、讲演等工作可以更好地被观众所接受。下面详细介绍设置文本格式的方法。

实例文件的保存路径：配套素材 \ 第 3 章 \ 素材文件 \3.3.2

实例效果文件的名称：3.3.2.pptx

Step01 选中准备设置文本格式的内容，① 选择"开始"选项卡，② 单击"字体"下拉按钮，③ 单击"启动器"按钮，如图 3-19 所示。

Step02 弹出"字体"对话框，① 在"字体"选项卡下的"中文字体"列表框中选择"方正剪纸简体"，② 在"字体样式"列表框中选择"加粗 倾斜"，如图 3-20 所示。

图 3-19

图 3-20

Step03 选择"字符间距"选项卡，① 在"间距"列表框中选择"加宽"选项，② 在"度量值"微调框中输入 5，③ 单击"确定"按钮，如图 3-21 所示。

Step04 通过上述步骤即可完成设置字体和字号的操作，如图 3-22 所示。

图 3-21

图 3-22

3.3.3 设置段落的格式

在 PowerPoint 中，用户不仅可以自定义设置文本的格式，还可以根据具体的目标或要求对幻灯片的段落格式进行设置，包括设置每行的缩进距离、段前和段后距离、行距以及对齐方式等。下面详细介绍设置段落格式的方法。

实例文件的保存路径：配套素材\第3章\素材文件\3.3.3

实例效果文件的名称：3.3.3.pptx

Step 01 选中准备设置段落格式的文本内容，① 选择"开始"选项卡，② 单击"段落"下拉按钮，③ 单击"启动器"按钮，如图 3-23 所示。

Step 02 弹出"段落"对话框，① 在"缩进和间距"选项卡下的"缩进"区域中设置"特殊"和"度量值"选项，② 在"间距"区域中设置"行距"和"设置值"选项，③ 单击"确定"按钮，如图 3-24 所示。

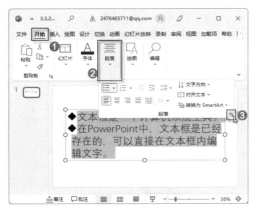

图 3-23

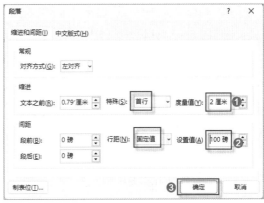

图 3-24

Step 03 通过上述步骤即可完成设置段落格式的操作，如图 3-25 所示。

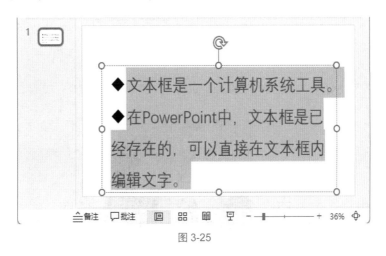

图 3-25

3.4 添加媒体对象

用户可以在 PowerPoint 中插入多种媒体对象，包括图片、表格、图表以及音频和视频。本节将介绍在 PowerPoint 中插入媒体对象的方法。

3.4.1 插入与设置图片

 用户可以将自己喜欢的图片保存到计算机中，然后在编辑排版时将这些图片插入 PowerPoint 演示文稿中，并且还能设置插入图片的格式和形状等。下面详细介绍插入与设置图片的方法。

> 实例文件的保存路径：配套素材 \ 第 3 章 \ 素材文件 \3.4.1
> 实例效果文件的名称：3.4.1.pptx

Step 01 新建演示文稿，① 选择"插入"选项卡，② 单击"图像"下拉按钮，③ 单击"图片"下拉按钮，④ 选择"此设备"选项，如图 3-26 所示。

Step 02 弹出"插入图片"对话框，① 选中准备插入的图片，② 单击"插入"按钮，如图 3-27 所示。

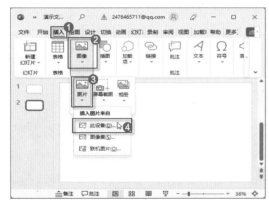

图 3-26

图 3-27

Step 03 可以看到幻灯片中已经插入了图片，如图 3-28 所示。

图 3-28

Step04 选中图片，自动跳转到"图片格式"选项卡，① 单击"艺术效果"下拉按钮，② 选择"玻璃"效果，如图 3-29 所示。

Step05 ① 在"图片格式"选项卡中单击"裁剪"下拉按钮，② 选择"裁剪为形状"选项，③ 在形状库中选择"心形"样式，如图 3-30 所示。

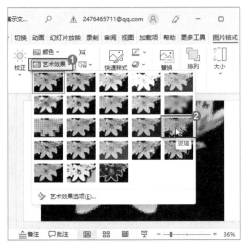

图 3-29

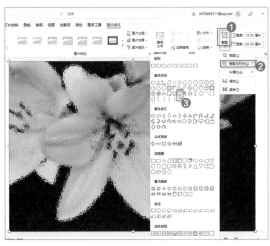

图 3-30

Step06 可以看到图片被裁剪为心形，如图 3-31 所示。

图 3-31

用户可以对插入 PowerPoint 中的图片进行颜色、艺术效果、透明度、亮度和对比度、阴影、边框、大小以及裁剪等设置。

3.4.2 插入表格与图表

形象直观的表格和图表与文字和数字相比更容易让人理解，插入表格和图表可以使幻灯片的显示效果更好。在 PowerPoint 中，用户可以插入的图表包括柱形图、折线图、饼图、面积图、XY 散点图、地图、股价图等。

实例文件的保存路径：配套素材\第 3 章\效果文件\3.4.2

实例效果文件的名称：3.4.2.pptx

Step01 新建演示文稿，选中第 1 张幻灯片，① 选择"插入"选项卡，② 单击"表格"下拉按钮，③ 选择"插入表格"选项，如图 3-32 所示。

Step02 弹出"插入表格"对话框，① 在"列数"和"行数"微调框中输入数值，② 单击"确定"按钮，如图 3-33 所示。

图 3-32

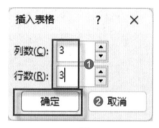

图 3-33

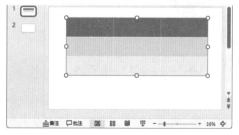

图 3-34

Step03 可以看到幻灯片中已经插入了一个 3×3 的表格，如图 3-34 所示。

Step04 选中第 2 张幻灯片，① 选择"插入"选项卡，② 单击"插图"下拉按钮，③ 单击"图表"按钮，如图 3-35 所示。

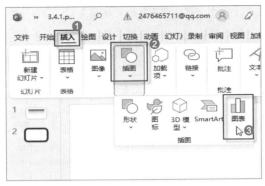

图 3-35

Step05 弹出"插入图表"对话框，① 选择"饼图"选项，② 选择一种饼图样式，③ 单击"确定"按钮，如图 3-36 所示。

Step06 在幻灯片中插入了一张饼图，同时自动打开 Excel 文档，用户可以在 Excel 中修改表格数据，饼图中的数据也会被同步修改，如图 3-37 所示。

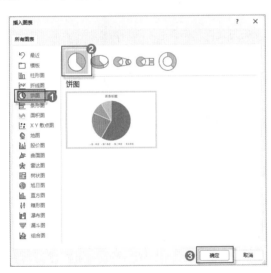

图 3-36

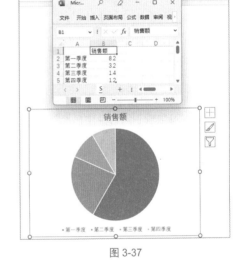

图 3-37

经验技巧

在幻灯片中插入图表后将自动进入"图表设计"选项卡，用户可以在该选项卡中更改图表的整体颜色搭配、增删图表元素以及更改图表的布局。

3.4.3 绘制形状

PowerPoint 提供了非常强大的绘图工具，包括线条、几何形状、箭头、公式形状、流程图形状、星、旗帜、标注以及按钮等。用户可以利用这些图形设计出自己需要的图案，以表达幻灯片的内容层次、流程等。

实例文件的保存路径：配套素材\第3章\效果文件\3.4.3

实例效果文件的名称：3.4.3.pptx

Step01 新建演示文稿，① 选择"插入"选项卡，② 单击"形状"下拉按钮，③ 在形状库中选择"闪电形"形状，如图 3-38 所示。

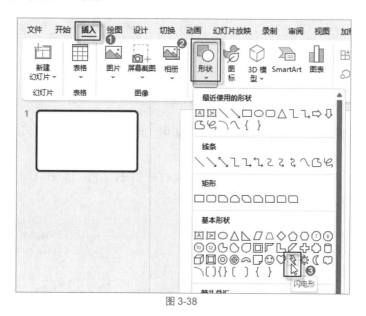

图 3-38

Step02 在幻灯片中单击并拖动鼠标指针绘制形状，至适当位置释放鼠标左键，如图 3-39 所示。

Step03 可以看到幻灯片中已经插入了一个闪电形状，如图 3-40 所示。

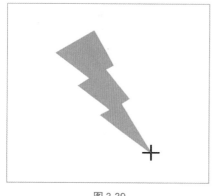

图 3-39

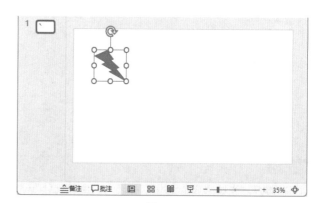

图 3-40

3.4.4 应用音频与视频

用户还可以在演示文稿中插入音频和视频，使演示文稿的表现形式更加丰富。在演示文稿中应用音频与视频的方法非常简单，都可以在"插入"选项卡下完成操作，下面详细介绍在演示文稿中应用音频与视频的方法。

实例文件的保存路径：配套素材 \ 第 3 章 \ 素材文件 \3.4.4

实例效果文件的名称：3.4.4.pptx

Step01 新建演示文稿，选中第 1 张幻灯片，① 选择"插入"选项卡，② 单击"媒体"下拉按钮，③ 单击"音频"下拉按钮，④ 选择"PC 上的音频"选项，如图 3-41 所示。

Step02 弹出"插入音频"对话框，① 选择音频所在的位置，② 选中音频文件，③ 单击"插入"按钮，如图 3-42 所示。

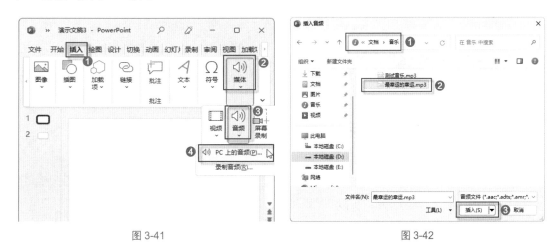

图 3-41   图 3-42

Step03 可以看到幻灯片中已经插入了一个喇叭图标，选中该图标，下方将出现音频播放器，单击"播放 / 暂停"按钮 ▶ 即可播放音频文件，如图 3-43 所示。

Step04 选中第 2 张幻灯片，① 选择"插入"选项卡，② 单击"媒体"下拉按钮，③ 单击"视频"下拉按钮，④ 选择"此设备"选项，如图 3-44 所示。

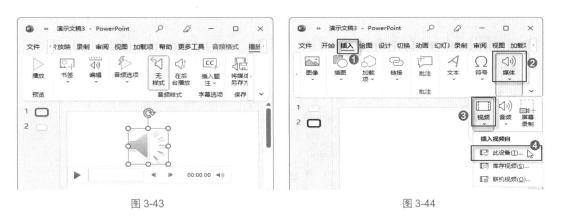

图 3-43   图 3-44

Step05 弹出"插入视频文件"对话框，① 选中视频文件，② 单击"插入"按钮，如图 3-45 所示。

Step06 可以看到幻灯片中已经插入了一个视频文件，选中该文件，下方将出现视频播放器，单击"播放 / 暂停"按钮 ▶ 即可播放视频文件，如图 3-46 所示。

图 3-45

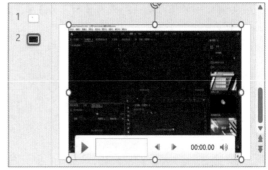

图 3-46

3.5 设置幻灯片链接

　　幻灯片之间的交互动画主要是通过交互式动作按钮改变幻灯片原有的放映顺序来形成，例如让一张幻灯片链接到另一张幻灯片、将幻灯片链接到其他文件等。本节将详细介绍在幻灯片中使用超链接的方法。

3.5.1 课件的内部链接

　　幻灯片的超链接分为幻灯片内部链接和外部链接，在 PowerPoint 中，用户单击设置的超链接对象，即可切换到设置好的指定幻灯片。下面将详细介绍设置课件内部链接的方法。

　　实例文件的保存路径：配套素材 \ 第 3 章 \ 素材文件 \3.5.1
　　实例效果文件的名称：3.5.1.pptx

　　Step 01 打开素材文件，选中第 3 张幻灯片，选中文本，① 选择"插入"选项卡，② 单击"链接"下拉按钮，③ 单击"链接"按钮，如图 3-47 所示。

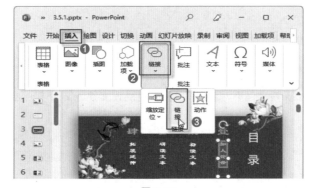

图 3-47

Step02 弹出"插入超链接"对话框，① 选择"本文档中的位置"选项卡，② 在"请选择文档中的位置"列表框中选择准备链接到的位置，例如选择"幻灯片 4"，③ 单击"确定"按钮，如图 3-48 所示。

Step03 返回到幻灯片中，此时将鼠标指针移至设置了链接的对象上会有提示框出现，这样即可完成设置课件内部链接的操作，如图 3-49 所示。

图 3-48

图 3-49

3.5.2　课件的外部链接

使用 PowerPoint 的幻灯片超链接功能还可以为演示文稿设置外部链接，可以打开其他演示文稿或者打开一个网页等，本小节将详细介绍设置课件外部链接的方法。

　实例文件的保存路径：配套素材 \ 第 3 章 \ 素材文件 \3.5.2
　实例效果文件的名称：3.5.2.pptx

Step01 打开素材文件，选中第 21 张幻灯片，① 选择"插入"选项卡，② 单击"链接"按钮，如图 3-50 所示。

Step02 弹出"插入超链接"对话框，① 选择"现有文件或网页"选项卡，② 在"地址"文本框中输入网址，③ 单击"确定"按钮，如图 3-51 所示。

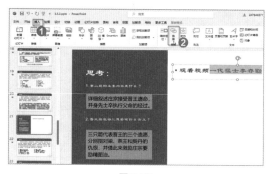 

图 3-50　　　　　　　　　　　　　　　　图 3-51

Step03 返回到幻灯片中，此时将鼠标指针移至设置了链接的对象上会有提示框出现，这样即可完成设置课件外部链接的操作，如图 3-52 所示。

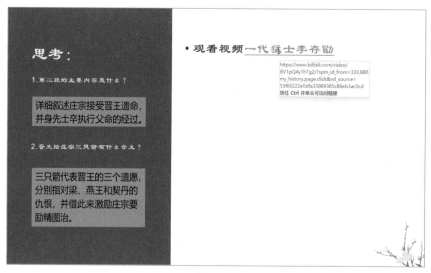

图 3-52

3.5.3　添加动作按钮

在播放课件时，为了方便控制可以在演示文稿中插入动作按钮，通过单击动作按钮，可以在播放幻灯片时切换到其他幻灯片、返回目录幻灯片或者直接退出演示文稿的播放状态。

实例文件的保存路径：配套素材 \ 第 3 章 \ 素材文件 \3.5.3
实例效果文件的名称：3.5.3.pptx

Step01 打开素材文件，选中最后一张幻灯片，① 选择"插入"选项卡，② 单击"形状"下拉按钮，③ 在形状库中选择"动作按钮：转到开头"形状，如图 3-53 所示。

Step02 在幻灯片中单击并拖动鼠标指针绘制形状，至适当位置释放鼠标左键，如图 3-54所示。

Step 03 打开"操作设置"对话框，① 在"单击鼠标"选项卡中选中"超链接到"单选按钮，在其下方的下拉列表中选择"第一张幻灯片"选项，② 勾选"播放声音"复选框，③ 在其下方的下拉列表中选择"单击"选项，④ 单击"确定"按钮即可完成操作，如图 3-55 所示。

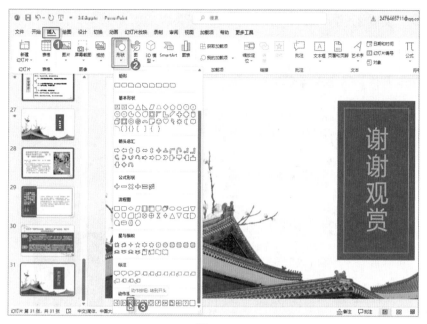

图 3-53

图 3-54

图 3-55

3.6 为课件制作动画效果

用户可以为幻灯片中的对象添加预设的动画效果，也可以为对象设置自定义动画，设置出符合需求的动画效果。本节将介绍为课件制作动画效果的相关操作。

3.6.1 添加动画效果

动画用于给文本或对象添加特殊视觉或声音效果，分为过渡动画和重点动画。使用动画可以让观众将注意力集中在要点和控制信息流上，还可以提高观众对演示文稿的兴趣，下面详细介绍添加动画效果的方法。

实例文件的保存路径：配套素材\第3章\素材文件\3.6.1
实例效果文件的名称：3.6.1.pptx

Step01 打开素材文件，选中第1张幻灯片，选中文本框，① 选择"动画"选项卡，② 单击"浮入"动画，如图3-56所示。

图 3-56

Step02 文本框以"浮入"的方式进入幻灯片，演示完成后文本框旁边出现了数字"1"，表示该文本框添加了一个动画效果，如图3-57所示。

图 3-57

3.6.2　幻灯片切换动画

用户还可以为整张幻灯片添加翻页动画，实现章节之间的过渡。通过翻页动画可以提示观众过渡到了新的一章或新的一节。在设置翻页时不能选择太复杂的动画，整个 PPT 中的每一张幻灯片的过渡动画最好都向一个方向动起来。

> 实例文件的保存路径：配套素材 \ 第 3 章 \ 素材文件 \3.6.2
> 实例效果文件的名称：3.6.2.pptx

Step 01 打开素材文件，选中第 1 张幻灯片，① 选择"切换"选项卡，② 单击"推入"动画，如图 3-58 所示。

Step 02 整张幻灯片以从下向上"推入"的方式出现，如图 3-59 所示。

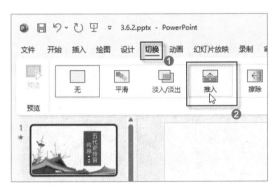

图 3-58

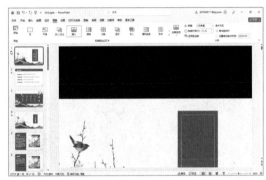

图 3-59

3.7　课堂实训——设计与制作美术课课件

本节制作一个名为"精彩的戏曲"的美术课 PPT 课件，其中包括为课件添加文本框并输入文本、插入外部超链接、设置动画的持续时间等操作。

3.7.1　添加文本框

本小节介绍为演示文稿的第 1 张幻灯片添加"主讲人"文本框的操作步骤，首先绘制文本框，然后输入文本内容，设置文本的格式。

> 实例文件的保存路径：配套素材 \ 第 3 章 \ 素材文件 \3.7.1
> 实例效果文件的名称：3.7.1.pptx

Step 01 打开素材文件，选中第 1 张幻灯片，① 选择"插入"选项卡，② 单击"文本"下拉按钮，③ 单击"文本框"下拉按钮，④ 选择"绘制横排文本框"选项，如图 3-60 所示。

Step02 在幻灯片中单击并拖动鼠标指针绘制文本框，至适当位置释放鼠标左键，如图 3-61
所示。

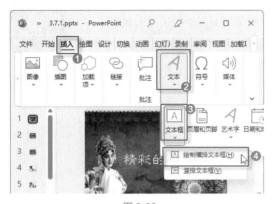

图 3-60   图 3-61

Step03 使用输入法输入文本，设置文本的字体为黑体、字号为20、颜色为白色，居中对齐，
效果如图 3-62 所示。

图 3-62

3.7.2　插入外部超链接

本小节介绍为演示文稿的第 10 张幻灯片插入外部链接的操作步骤，首先通过"链接"按钮打开"插入超链接"对话框，然后设置超链接的网址。

> 实例文件的保存路径：配套素材 \ 第 3 章 \ 素材文件 \3.7.2
> 实例效果文件的名称：3.7.2.pptx

Step01 打开素材文件，选中第 10 张幻灯片，选中文本，① 选择"插入"选项卡，② 单击"链接"按钮，如图 3-63 所示。

Step02 弹出"插入超链接"对话框，① 选择"现有文件或网页"选项卡，② 在"地址"文本框中输入网址，③ 单击"确定"按钮，如图 3-64 所示。

图 3-63

图 3-64

Step03 返回到幻灯片中，此时将鼠标指针移至设置了链接的对象上会有提示框出现，这样即可完成为课件设置外部链接的操作，如图 3-65 所示。

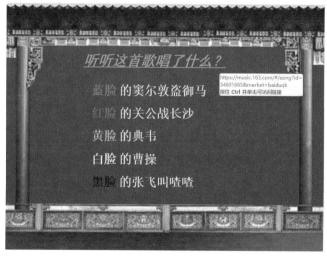

图 3-65

3.7.3　设置动画的持续时间

本小节介绍为演示文稿的第 3 张幻灯片设置动画持续时间的操作步骤，在"持续时间"微调框中，输入数值即可，单击"预览"按钮可以查看动画效果。

> **实例文件保存路径：配套素材 \ 第 3 章 \ 素材文件 \3.7.3**

实例效果文件名称：3.7.3.pptx

Step01 打开素材文件，选中第 3 张幻灯片，选中文本框左上角的数字"0"，① 选择"动画"选项卡，② 单击"计时"下拉按钮，③ 在"持续时间"微调框中输入数值，如图 3-66 所示。

Step02 按回车键完成设置动画持续时间的操作，单击"预览"按钮查看动画效果，如图 3-67 所示。

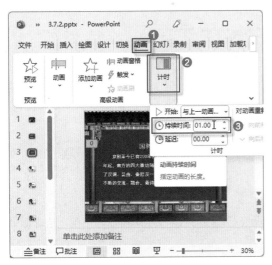

图 3-66

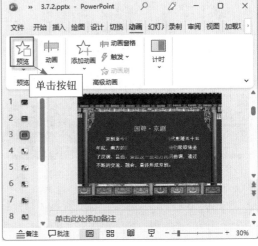

图 3-67

3.8　思考与练习

通过本章的学习，读者基本上可以了解使用 PowerPoint 制作课件需要掌握的基本知识，下面练习几道习题，以达到巩固与提高的目的。

一、填空题

1. 课件的内容主要包括_____、目录页、_____和总结页。

2. PPT 课件的制作流程包括确定演示主题和目标、_____、制定大纲和结构、_____、编辑幻灯片内容、_____、优化和调整以及演示前预演 8 个方面。

二、判断题

1. 幻灯片的背景是指幻灯片的底层设计，它只能是单色。（　　　）

2. "Office 主题"库中显示了 PowerPoint 的 10 种版式，包括标题幻灯片、标题和内容、节标题、两栏内容、比较、仅标题、空白、内容与标题、图片与标题、标题和竖排义字，用户可以根据需要自行选择。（　　　）

三、思考题

1. 如何在幻灯片中绘制形状？

2. 如何添加动作按钮？

第 4 章　放映与录制 PPT 课件

本章要点

- 放映 PPT 课件
- 使用 PowerPoint 录制微课
- 输出课件

本章主要内容

本章介绍放映 PPT 课件、使用 PowerPoint 录制微课和输出课件方面的知识与技巧，在本章的最后还针对实际工作需求讲解了设计与制作思想品德课课件的方法。通过本章的学习，读者可以掌握放映与录制 PPT 课件的知识，为深入学习微课制作奠定基础。

4.1　放映 PPT 课件

在使用 PowerPoint 将演示文稿的内容编辑完成以后，就可以将其放映出来供观众欣赏了。为了能够达到良好的效果，在放映前还需要对演示文稿进行一些设置，例如对幻灯片的放映方式和时间等进行设置，本节将介绍演示文稿的放映设置。

4.1.1　课件的放映方式

 　在放映幻灯片之前应该先设置好幻灯片的放映方式。幻灯片的放映方式有 3 种，即演讲者放映（全屏幕）、观众自行浏览（窗口）和在展台浏览（全屏幕）。下面详细介绍设置放映方式的方法。

实例文件的保存路径：配套素材 \ 第 4 章 \ 素材文件 \4.1.1
实例效果文件的名称：4.1.1.pptx

Step01 打开素材文件，① 选择"幻灯片放映"选项卡，② 单击"设置幻灯片放映"按钮，如图 4-1 所示。

Step02 弹出"设置放映方式"对话框，① 在"放映类型"区域中选中"观众自行浏览（窗口）"单选按钮，② 在"放映幻灯片"区域中选中"全部"单选按钮，③ 在"推进幻灯片"区域中选中"如果出现计时，则使用它"单选按钮，④ 单击"确定"按钮，即可完成设置课件放映方式的操作，如图 4-2 所示。

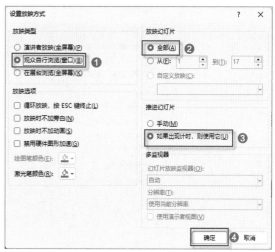

图 4-1   图 4-2

经验技巧

如果用户的计算机中安装了多个显示器投影设备，"设置放映方式"对话框的"多监视器"区域中的选项将变为有效状态，在其中进行相应设置即可，同时也可在多个显示器中放映幻灯片。

4.1.2 放映指定课件内容

在放映幻灯片之前，用户可以根据需要设置放映幻灯片的数量，例如放映全部幻灯片、放映连续几张幻灯片，或者自定义放映指定的任意几张幻灯片。下面将详细介绍放映指定课件内容的方法。

> 实例文件的保存路径：配套素材\第 4 章\素材文件\4.1.2
>
> 实例效果文件的名称：4.1.2.pptx

Step 01 打开素材文件，① 选择"幻灯片放映"选项卡，② 单击"设置幻灯片放映"按钮，如图 4-3 所示。

Step 02 弹出"设置放映方式"对话框，① 在"放映幻灯片"区域中设置指定放映的幻灯片，② 单击"确定"按钮，即可完成放映指定课件内容的操作，如图 4-4 所示。

图 4-3

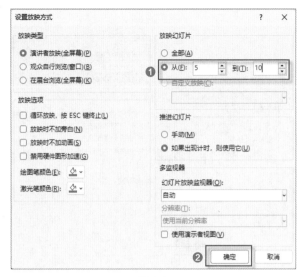

图 4-4

4.1.3 电子白板

电子白板是交互式多媒体教室中重要的物品之一，教师通过触摸笔操作白板，实现课堂教学的互动，如图 4-5 所示。

图 4-5

当初次使用电子白板时需要对电子白板进行相应的设置，例如安装电子白板软件、定位等。如果触摸笔触碰的位置与显示的实际位置不符，也要对电子白板进行重新设置。

电子白板具有交互性，在使用电子白板时，触摸笔代替了计算机鼠标的功能，运用触摸笔操控电子白板更便于开展课堂教学实践活动。教师也可以使用电子白板打开 PPT 课件进行现场教学。

4.1.4 使用排练计时

用户还可以为演示文稿添加排练计时，排练计时能够统计播放一遍演示文稿需要的时间。为演示文稿添加排练计时的方法非常简单，本小节将详细介绍为演示文稿添加排练计时的方法。

实例文件的保存路径：配套素材\第 4 章\素材文件\4.1.4

实例效果文件的名称：4.1.4.pptx

Step01 打开素材文件，① 选择"幻灯片放映"选项卡，② 单击"排练计时"按钮，如图 4-6 所示。

图 4-6

Step02 此时进入幻灯片放映模式，在窗口左上角弹出的"录制"对话框用来记录播放幻灯片需要的时间，如图 4-7 所示。

Step03 在幻灯片播放完后会，弹出"Microsoft PowerPoint"对话框，提示"幻灯片放映共需 0:01:05。是否保留新的幻灯片计时？"的信息，单击"是"按钮即可完成添加排练计时的操作，如图 4-8 所示。

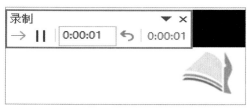

图 4-7

图 4-8

4.2 使用 PowerPoint 录制微课

用户不仅可以使用 PowerPoint 制作 PPT 课件，还可以进行屏幕录制，将课程的操作或解题步骤录制下来，然后存储为视频，以方便后期剪辑。本节将介绍使用 PowerPoint 录制微课视频的相关知识。

4.2.1 屏幕录制

通常需要将录制的屏幕内容放置在 PowerPoint 界面的下方，这样进入屏幕录制状态后 PowerPoint 界面会被隐藏，就可以直接在窗口中选择录制区域。使用 PowerPoint 屏幕录制的好处就是不需要再下载其他录屏软件，方便、快捷。

实例文件的保存路径：配套素材 \ 第 4 章 \ 素材文件 \4.2.1

实例效果文件的名称：4.2.1.pptx、4.2.1.mp4

Step01 新建演示文稿，① 选择"插入"选项卡，② 单击"媒体"下拉按钮，③ 单击"屏幕录制"按钮，如图 4-9 所示。

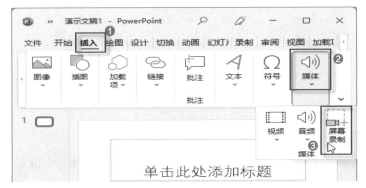

图 4-9

Step02 此时进入屏幕录制状态，PowerPoint 界面被隐藏，并显示一组录制控制按钮，默认为"选择区域"状态，在窗口中单击并拖动鼠标指针绘制录屏区域，如图 4-10 所示。

图 4-10

Step03 释放鼠标左键完成录屏区域的选择，单击"录制"按钮开始录制，如图 4-11 所示。

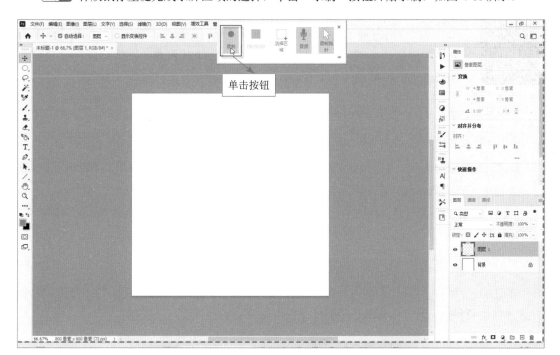

图 4-11

Step04 在录制完成后按 Shift + Windows + Q 组合键退出屏幕录制，可以看到幻灯片中添加了一个视频文件，单击该视频文件，在弹出的快捷菜单中选择"将媒体另存为"菜单项，如图 4-12 所示。

Step05 弹出"将媒体另存为"对话框，① 选择文件的保存位置，② 在"文件名"文本框中输入名称，③ 单击"保存"按钮，即可完成使用 PowerPoint 进行屏幕录制的操作，如图 4-13 所示。

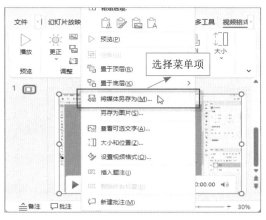

图 4-12

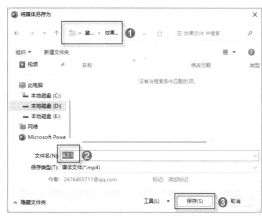

图 4-13

4.2.2 录制课件旁白

用户可以为每一张幻灯片录制解说旁白，但是首先需要在计算机上连接麦克风。使用 PowerPoint 录制课件旁白的方法非常简单，下面将详细介绍使用 PowerPoint 录制课件旁白的方法。

实例文件的保存路径：配套素材 \ 第 4 章 \ 素材文件 \4.2.2
实例效果文件的名称：4.2.2.pptx

Step01 打开素材文件，选中第 2 张幻灯片，① 选择"录制"选项卡，② 单击"音频"下拉按钮，③ 选择"录制声音"选项，如图 4-14 所示。

Step02 弹出"录制声音"对话框，① 在"名称"文本框中输入名称，② 单击"录制"按钮◉，如图 4-15 所示。

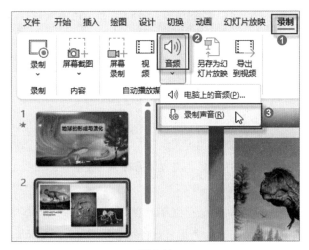

图 4-14

图 4-15

Step03 在录制完成后单击"停止"按钮，如图 4-16 所示。

Step04 单击"确定"按钮，如图 4-17 所示。

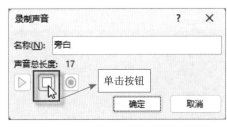

图 4-16

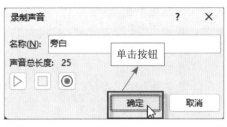

图 4-17

Step05 在幻灯片中添加了一个喇叭图标，将鼠标指针移至该图标上将显示播放控制栏，用户可以通过控制栏上的按钮播放音频查看效果，如图 4-18 所示。

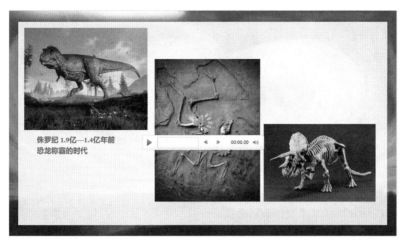

图 4-18

4.2.3 屏幕截图

用户可以利用 PowerPoint 自带的截图功能进行屏幕截图，PowerPoint 既支持完整屏幕截图，也支持用户自定义截图，下面将详细介绍使用 PowerPoint 进行屏幕截图的方法。

实例文件的保存路径：配套素材 \ 第 4 章 \ 素材文件 \4.2.3

实例效果文件的名称：4.2.3.pptx

Step01 新建演示文稿，① 选择"录制"选项卡，② 单击"屏幕截图"下拉按钮，③ 在"可用的视窗"区域中选择准备截屏的视图窗口，如图 4-19 所示。

Step02 可以看到幻灯片中添加了截图，在"图片格式"选项卡中可以设置截图的格式，如图 4-20 所示。

图 4-19

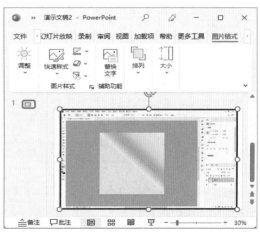

图 4-20

> **知识常识**
>
> 如果在"录制"选项卡中单击"屏幕剪辑"，PowerPoint 界面将被隐藏，自动显示 PowerPoint 下方的窗口，鼠标指针变为十字形状，单击并拖动鼠标指针可以根据需要截取屏幕大小。

4.3 输出课件

在实际工作中经常需要将制作的演示文稿放到他人的计算机中放映，如果准备使用的计算机中没有安装 PowerPoint，则需要在制作演示文稿的计算机中将幻灯片打包，当准备播放时，将压缩包解压即可正常播放。本节将介绍输出课件的相关知识。

4.3.1 打包课件

将演示文稿打包，可以避免由于准备放映的计算机中没有安装 PowerPoint 软件而造成无法放映的麻烦，打包演示文稿的方法非常简单，下面详细介绍将演示文稿打包的方法。

> 实例文件的保存路径：配套素材\第4章\素材文件\4.3.1
> 实例效果文件的名称：4.3.1

Step01 打开素材文件，选择"文件"选项卡，如图 4-21 所示。

Step02 进入 Backstage 视图，① 选择"导出"选项卡，② 选择"将演示文稿打包成 CD"选项，③ 单击"打包成 CD"按钮，如图 4-22 所示。

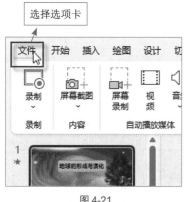

图 4-21

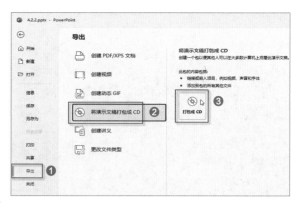

图 4-22

Step03 弹出"打包成 CD"对话框，① 在"将 CD 命名为"文本框中输入名称，② 在"要复制的文件"列表框中选中文件，③ 单击"复制到文件夹"按钮，如图 4-23 所示。

Step04 弹出"选择位置"对话框，① 选中一个文件夹，② 单击"选择"按钮，如图 4-24 所示。

图 4-23

图 4-24

Step05 弹出"复制到文件夹"对话框，① 在"位置"文本框中输入文件夹所在的位置，② 单击"确定"按钮，如图 4-25 所示。

Step06 弹出提示对话框，单击"是"按钮，如图 4-26 所示。

Step07 复制完成后将自动打开演示文稿打包到的文件夹，可以在其中看到打包好的 CD 文件，如图 4-27 所示。

图 4-25

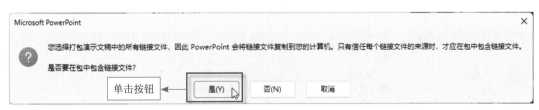

图 4-26

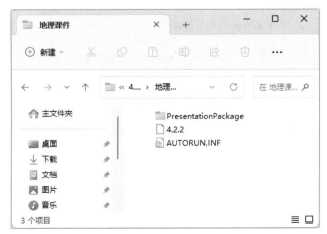

图 4-27

4.3.2 将课件输出为视频

与文档、文章和其他普通媒体相比，人们被视频吸引的可能性要高很多。使用 PowerPoint 可以将演示文稿创建为一个视频文件，使其按视频格式播放，本小节介绍将课件输出为视频的方法。

> 实例文件的保存路径：配套素材 \ 第 4 章 \ 素材文件 \4.3.2
>
> 实例效果文件的名称：4.3.2.mp4

Step 01 打开素材文件，选择"文件"选项卡，如图 4-28 所示。

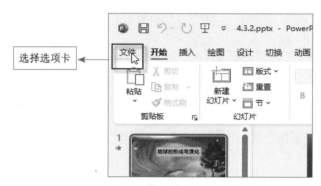

图 4-28

Step 02 进入 Backstage 视图，① 选择"导出"选项卡，② 选择"创建视频"选项，③ 在"放映每张幻灯片的秒数"微调框中输入数值，④ 单击"创建视频"按钮，如图 4-29 所示。

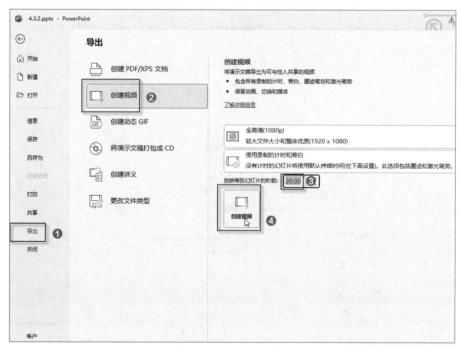

图 4-29

Step 03 弹出"另存为"对话框，① 选择保存位置，② 在"文件名"文本框中输入保存演示文稿视频的名称，③ 单击"保存"按钮，如图 4-30 所示。

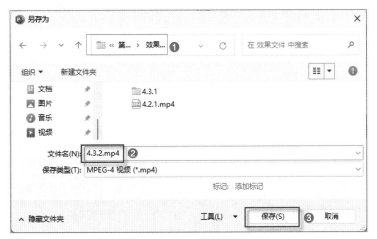

图 4-30

Step 04 制作完成后打开保存演示文稿视频的文件夹，即可查看到刚制作好的演示文稿视频，这样即可完成将课件输出为视频的操作，如图 4-31 所示。

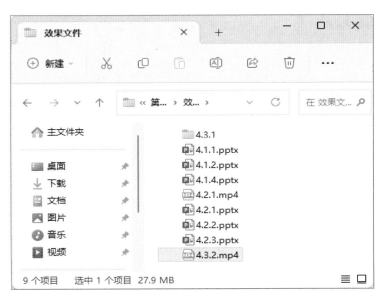

图 4-31

4.3.3 将课件输出为 PDF

有些演示文稿，不想让他人修改，但是希望能够轻松地共享和打印，此时可以使用 PowerPoint 将演示文稿转换为 PDF 文件。本例详细介绍课件输出为 PDF 文件的方法。

实例文件的保存路径：配套素材 \ 第 4 章 \ 素材文件 \4.3.3

实例效果文件的名称：4.3.3.mp4

Step01 打开素材文件，选择"文件"选项卡，如图 4-32 所示。

Step02 进入 Backstage 视图，① 选择"导出"选项卡，② 选择"创建 PDF/XPS 文档"选项，③ 单击"创建 PDF/XPS 文档"按钮，如图 4-33 所示。

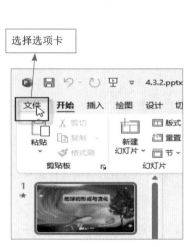

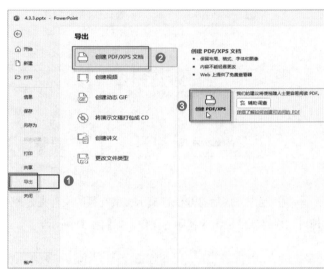

图 4-32　　　　　　　　　　　　　　　　图 4-33

Step03 弹出"发布为 PDF 或 XPS"对话框，① 在"文件名"文本框中输入名称，② 单击"发布"按钮，如图 4-34 所示。

Step04 制作完成后打开保存文件的文件夹，即可查看到刚制作好的 PDF 文件，这样即可完成将课件输出为 PDF 的操作，如图 4-35 所示。

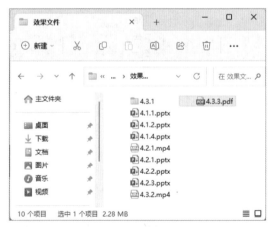

图 4-34　　　　　　　　　　　　　　　　图 4-35

4.4 课堂实训——设计与制作思想品德课课件

本节制作一个名为"我们的公共生活"的思想品德课 PPT 课件，其中包括设置课件的放映方式、为幻灯片录制旁白、将课件输出为视频等操作。

4.4.1 设置课件的放映方式

本小节介绍为演示文稿设置放映方式的操作步骤，首先通过"设置幻灯片放映"按钮打开"设置放映方式"对话框，然后在其中设置参数即可。

实例文件的保存路径：配套素材 \ 第 4 章 \ 素材文件 \4.4.1

实例效果文件的名称：4.4.1.pptx

Step01 打开素材文件，① 选择"幻灯片放映"选项卡，② 单击"设置幻灯片放映"按钮，如图 4-36 所示。

Step02 弹出"设置放映方式"对话框，① 在"放映类型"区域中选中"演讲者放映（全屏幕）"单选按钮，② 在"放映幻灯片"区域中选中"全部"单选按钮，③ 在"推进幻灯片"区域中选中"手动"单选按钮，④ 单击"确定"按钮，即可完成设置课件放映方式的操作，如图 4-37 所示。

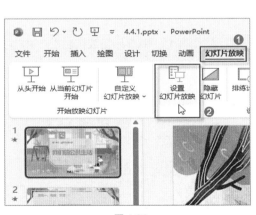

图 4-36

图 4-37

4.4.2 录制旁白

本小节介绍为演示文稿的第 2 张幻灯片录制旁白的操作步骤，首先通过"录制声音"选项打开"录制声音"对话框，然后在其中进行录制操作。

实例文件的保存路径：配套素材\第4章\素材文件\4.4.2

实例效果文件的名称：4.4.2.pptx

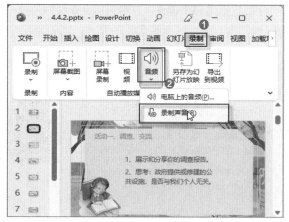

图 4-38

Step01 打开素材文件，选中第 2 张幻灯片，① 选择"录制"选项卡，② 单击"音频"下拉按钮，③ 选择"录制声音"选项，如图 4-38 所示。

Step02 弹出"录制声音"对话框，在"名称"文本框中输入名称，单击"录制"按钮◉，如图 4-39 所示。

Step03 录制完成后单击"停止"按钮，如图 4-40 所示。

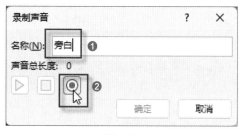

图 4-39

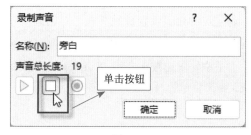

图 4-40

Step04 单击"确定"按钮，如图 4-41 所示。

Step05 在幻灯片中添加了一个喇叭图标，将鼠标指针移至该图标上将显示播放控制栏，用户可以通过控制栏上的按钮播放音频查看效果，如图 4-42 所示。

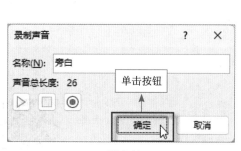

图 4-41

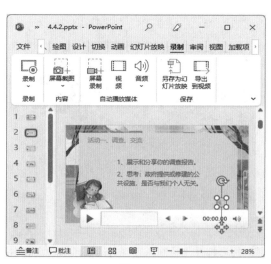

图 4-42

4.4.3 输出视频

本小节介绍将演示文稿输出为视频的操作步骤，首先通过"导出到视频"按钮，进入 Backstage 视图的"导出"选项卡，然后设置放映每张幻灯片的秒数，单击"创建视频"按钮。

实例文件的保存路径：配套素材 \ 第 4 章 \ 素材文件 \4.4.3

实例效果文件的名称：4.4.3.pptx

Step01 打开素材文件，① 选择"录制"选项卡，② 单击"导出到视频"按钮，如图 4-43 所示。

Step02 进入 Backstage 视图，① 选择"导出"选项卡，② 选择"创建视频"选项，③ 在"放映每张幻灯片的秒数"微调框中输入数值，④ 单击"创建视频"按钮，如图 4-44 所示。

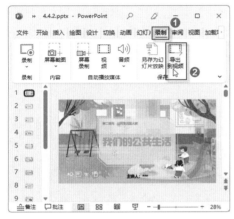

图 4-43

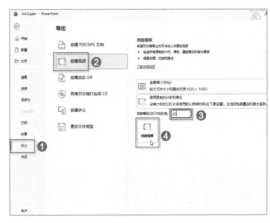

图 4-44

Step03 弹出"另存为"对话框，① 在"文件名"文本框中输入保存演示文稿视频的名称，② 单击"保存"按钮，如图 4-45 所示。

Step04 返回 PowerPoint 主界面，底部显示"正在制作视频"进度条，需要等待一段时间，如图 4-46 所示。

图 4-45

图 4-46

Step05 制作完成后打开保存演示文稿视频的文件夹，即可查看到刚制作好的演示文稿视频，这样即可完成将课件输出为视频的操作，如图 4-47 所示。

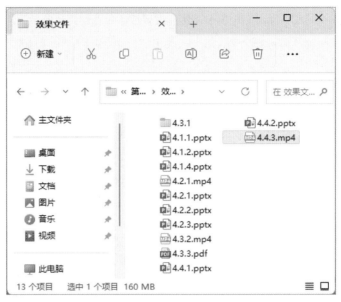

图 4-47

4.5 思考与练习

通过本章的学习，读者基本上可以了解放映与录制 PPT 课件需要掌握的基本知识，下面练习几道习题，以达到巩固与提高的目的。

一、填空题

1. 幻灯片的放映方式有 3 种，即_____、观众自行浏览（窗口）和_____。

2. 在放映幻灯片之前，用户可以根据需要设置放映幻灯片的数量，例如_____、放映连续几张幻灯片，或者_____。

3. 用户可以为每一张幻灯片录制解说旁白，但是首先需要在计算机上连接_____。

二、判断题

1. 当初次使用电子白板时需要对电子白板进行相应的设置，例如安装电子白板软件、定位等。如果触摸笔触碰的位置与显示的实际位置不符，也要对电子白板进行重新设置。（　　）

2. 用户还可以为演示文稿添加排练计时，排练计时能够统计播放一遍演示文稿需要的时间。（　　）

3. 通常需要将录制的屏幕内容放置在 PowerPoint 界面的上方，这样进入屏幕录制状态后 PowerPoint 界面会被隐藏，就可以直接在窗口中选择录制区域。（　　）

三、思考题

1. 如何为 PPT 课件录制旁白？

2. 如何使用 PowerPoint 截屏？

3. 如何将 PPT 课件输出为 PDF 文件？

本章要点

- 拍摄微课视频
- 视频拍摄常识
- 微课视频的录制
- 编辑微课视频

本章主要内容

本章介绍微课视频拍摄、视频拍摄常识和微课视频录制，以及如何编辑微课视频，在本章的最后还针对实际的工作需求讲解了录制并剪辑 PS 微课视频的方法。通过本章的学习，读者可以掌握录制微课视频的知识，为深入学习微课制作奠定基础。

5.1 拍摄微课视频

录制微课是教师制作微课的重要手段，特别是在需要通过画面、语音等形式展示教学信息时，微课的教学价值往往能得到最大程度的发挥。

5.1.1 使用摄像机拍摄微课

使用摄像机拍摄微课需要注意以下 6 个方面，如图 5-1 所示。

1. 选择合适的摄像机

根据自己的需求和预算来选择，可以选择普通数码相机、手机摄像头、专业摄像机等设备。

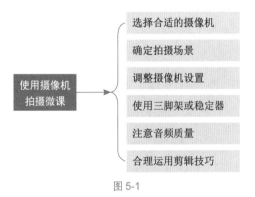

图 5-1

2. 确定拍摄场景

选择一个安静、明亮、背景简洁的场景进行拍摄，避免嘈杂的环境和杂乱的背景影响视听效果。

3. 调整摄像机设置

根据拍摄场景和拍摄对象的特点调整摄像机的曝光、对焦、白平衡等参数，确保画面清晰、色彩鲜艳。

4. 使用三脚架或稳定器

使用三脚架或稳定器可以避免手持摄像时的晃动，保证画面稳定。

5. 注意音频质量

除了画面质量以外，声音也是微课制作中不可忽视的重要因素，可以使用外置麦克风或录音设备，避免拍摄时出现噪声。

6. 合理运用剪辑技巧

在后期制作中可以运用剪辑技巧对视频进行编辑、裁剪、调色等处理，使微课更加精美、生动。

5.1.2　使用手机拍摄微课

使用手机拍摄微课需要注意以下 6 个方面，如图 5-2 所示。

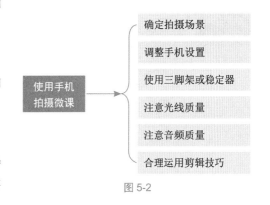

图 5-2

1. 确定拍摄场景

选择一个安静、明亮、背景简洁的场景进行拍摄，避免嘈杂的环境和杂乱的背景影响视听效果。

2. 调整手机设置

根据拍摄场景和拍摄对象的特点调整手机的曝光、对焦、白平衡等参数，确保画面清晰、色彩鲜艳。

3. 使用三脚架或稳定器

使用三脚架或稳定器可以避免手持摄像时的晃动，保证画面稳定。

4. 注意光线质量

手机摄像头对光线的敏感度较低，在拍摄时要注意光线的均匀性，避免出现阴影或过曝情况。

5. 注意音频质量

除了画面质量以外，声音也是微课制作中不可忽视的重要因素，可以使用外置麦克风或录音设备，避免拍摄时出现噪声。

6. 合理运用剪辑技巧

在后期制作中可以运用剪辑技巧对视频进行编辑、裁剪、调色等处理，使微课更加精美、生动。

总之，使用手机拍摄微课需要注意细节，提高拍摄质量，同时也要注意后期制作，使微课更具有吸引力和实用性。

5.2 视频拍摄的常识

本节将从画面构图、动态拍摄、拍摄景别、拍摄角度、拍摄高度 5 个方面详细介绍视频拍摄的常识。

5.2.1 画面构图

视频拍摄的画面构图有以下 5 个要求，如图 5-3 所示。

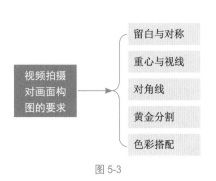

图 5-3

1. 留白与对称

在画面上留出适当的空白区域，使画面更加舒适和平衡。

2. 重心与视线

将被摄主体放在画面的重心位置，让观众的视线自然地聚焦在主体上。

3. 对角线

将画面分成两个三角形，将主体放在其中一个三角形的顶点位置。

4. 黄金分割

将画面分成 3 个部分，将主体放在其中一个部分的黄金分割点上。

5. 色彩搭配

选择合适的色彩搭配，增强画面的视觉效果。

总之，画面构图是视频拍摄中非常重要的一环，良好的画面构图可以让观众更容易接受和理解视频内容，提高视频质量。

5.2.2 动态拍摄

动态拍摄需要注意以下 5 个方面，如图 5-4 所示。

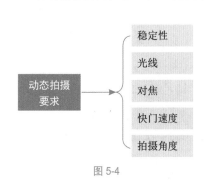

图 5-4

1. 稳定性

在动态拍摄时，相机容易晃动，影响画面质量，因此需要使用三脚架或稳定器等工具来保持相机的稳定。

2. 光线

在拍摄过程中光线会不断变化，从而影响画面的色彩和亮度，因此在拍摄前需要了解拍摄场景的光线条件，并根据实际情况进行调整。

3. 对焦

动态拍摄需要对被拍摄物体进行追踪，因此需要选择合适的对焦模式，确保拍摄的物体始终保持清晰。

4. 快门速度

动态拍摄需要快速捕捉运动的瞬间，因此需要使用较快的快门速度，以避免拍摄到模糊的画面。

5. 拍摄角度

动态拍摄需要选取合适的角度，以展现被拍摄物体的特点和动态。

总之，动态拍摄需要具备一定的技巧和经验，需要在实践中不断积累。

5.2.3 拍摄景别

景别是指在焦距一定时，由于摄影机与被摄体的距离不同，而造成被摄体在摄影机的录像器中所呈现出的范围大小不同。景别一般可分为 5 种，由近至远分别为特写（指人体肩部以上）、近景（指人体胸部以上）、中景（指人体膝部以上）、全景（人体的全部和周围部分环境）、远景（被摄体所处的环境）。在电影中，导演和摄影师利用复杂多变的场面调度和镜头调度交替地使用各种不同的景别，可以使影片剧情的叙述、人物思想感情的表达、人物关系的处理更具有表现力，从而增强影片的艺术感染力。

在电影中有一个非常明显的现象——镜头越接近被摄主体，场景越窄，而越远离被摄主体，场景越宽。取景的距离直接影响电影画面的容量。摄入画面景框内的主体形象，无论人物、动物或景物，都可统称为"景"。画面的景别取决于摄影机与被摄体之间的距离和所用镜头焦距的长短两个因素。不同景别的画面在人的生理和心理情感中都会产生不同的投影，不同的感受。

景别越大，环境因素越多；景别越小，强调因素越多。

摄影机和对象之间的距离越远，观众在观看时就越冷静。也就是说，在空间上隔得越远，在情感上参与的程度就越小，这是一个有趣的现象。较远的镜头本身有一种使场面客观化的作用，这首先是因为远景镜头中的空间关系是清晰明确的。远景镜头可以拍下很大的范围，但是加大距离会使观众看不清楚细节，从而使形象抽象化，使观众只能了解较少的内容。大部分远景镜头所拍摄的范围和人眼处在摄影机位置时所看到的范围相比要小得多，即使放映在最大的荧幕上，从很远距离拍摄的镜头也只能显示很少的内容。远景镜头可能向观众提供它所描绘出的特殊信息，这种信息本身在主观上可能是使人兴奋的，但是它的视觉形象却表现为传给观众感官的客观信息，由于远景镜头包含的细节多于近景镜头，所以它对观众的感官提出更多的要求，这就会使观众在情感上对自己正在看的场面采取超然态度。

较近的镜头一般能比较远的镜头使观众在情感上更加接近人物，这是因为可以突出环境中的一个小部分，它挑出这个部分不仅是为了强调与之有关的某个内容，而且还为了有意忽视其余部分。由于这样的镜头没有挤进来的、无关的内容，所以视觉的观察是比较简单的，观众对于出现在眼前的实际形象可以立即做出客观的解释，这就为观众留下了更多的余地，使观众可以在情感上做出反应。

景别的选择应当和影片实际相结合，服从每部影片的艺术表现要求，要努力把风格与内容结合起来，使每个镜头都能够统一在完整的叙述中。

微课视频对拍摄景别有以下 5 个要求，如图 5-5 所示。

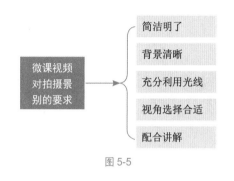

图 5-5

1. 简洁明了

微课视频的主旨是传递知识，因此拍摄场景应该简洁明了，减少无关信息的干扰，要突出重点。

2. 背景清晰

在微课视频中讲师和背景是两个重要元素，因此拍摄场景的背景应该清晰、简洁，不能有过多的杂物或者文字。

3. 充分利用光线

微课视频需要清晰的画面，因此应该充分利用自然光或灯光，让画面亮度均匀，避免画面过暗或过亮。

4. 视角选择合适

在微课视频中，讲师和画面的距离、高度、角度等都会影响学生的视觉体验，因此需要选择合适的视角，使学生能够清晰地看到讲师和画面。

5. 配合讲解

微课视频需要与讲解内容相配合，拍摄场景应该与讲解内容相关，以帮助学生更好地理解和掌握知识。

总之，微课视频的拍摄景别的要求是简洁明了、背景清晰、充分利用光线、视角选择合适、与讲解内容相配合。

5.2.4 拍摄角度

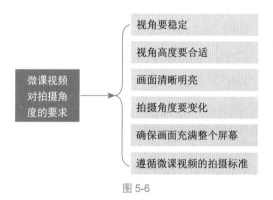

图 5-6

微课视频对拍摄角度有以下 6 个要求，如图 5-6 所示。

1. 视角要稳定

在录制微课视频时，应该尽量保持相机或手机的稳定，防止被晃动影响。

2. 视角高度要合适

微课视频最好使用与讲解人员和黑板或屏幕适当距离的视角，避免头部或画面分割部分被剪切掉。

3. 画面清晰明亮

为了得到好的拍摄效果，需要保持良好的光线和清晰度，最好使用明亮、自然的照明以及清晰的画面，而不是模糊或生硬的画面。

4. 拍摄角度要变化

为了保持观众的兴趣，需要在适当的时候切换不同的拍摄角度，例如从不同的角度拍摄图片，以使视频更加生动、吸引人。如果有必要，还可以运用双机位进行拍摄。

5. 确保画面充满整个屏幕

为了保持观众的注意力并让视频更易于观看，需要确保画面充满屏幕，而不是局限于小窗口或者偏离中心区域。

6. 遵循微课视频的拍摄标准

在拍摄微课视频时应遵循相应的拍摄标准，例如基础设备配置、拍摄镜头的选用、拍摄位置等。

5.2.5　拍摄高度

微课视频对拍摄高度的要求因内容而异，一般来说应该满足以下 4 个要求，如图 5-7 所示。

图 5-7

（1）讲师或演讲者的身体应完全展现在镜头画面中，包括头部、肩部和上半身。

（2）镜头应与讲师的眼睛平视，使得观众在观看时能够感受到与讲师进行面对面交流的效果，有利于提高认同感和学习效果。

（3）拍摄高度应稳定，避免晃动和变化，以免影响观看体验。

（4）视频在播放时应具有清晰度和分辨率，使得观众能够清晰地看到字幕、图表和其他细节，有助于深入理解和掌握知识。

总之，微课视频对拍摄高度的要求主要在于提高观众的学习效果和观看体验，应根据具体内容和目标人群进行调整。

5.3 微课视频的录制

本节将介绍常用的录屏软件和制作录屏类微课需要注意的事项，为录制微课视频打好基础。

5.3.1 常用的录屏软件

常用的录屏软件有以下 4 种，如图 5-8 所示。

1. QQ

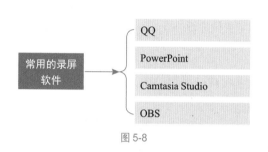

图 5-8

QQ 是腾讯 QQ 的简称，它是腾讯公司推出的一款基于互联网的即时通信软件。QQ 覆盖了 Windows、macOS、iPadOS、Android、iOS、Windows Phone、Linux 等多种操作平台，其标志是一只戴着红色围巾的小企鹅。

QQ 只有计算机版具有录屏功能，打开与任意好友聊天的窗口，将鼠标指针移至 ✂ 图标上，在弹出的菜单中选择"屏幕录制 Ctrl+Alt+S"菜单项，即可开始录屏操作，如图 5-9 所示。

图 5-9

2. PowerPoint

在 4.2 节中已经详细讲解了使用 PowerPoint 录制屏幕的方法，这里不再赘述。

3. Camtasia Studio

Camtasia Studio 是专业的屏幕录像和视频编辑的软件套装，如图 5-10 所示为 Camtasia 软件的界面。该软件提供了强大的屏幕录像（Camtasia Recorder）、视频的剪辑和编辑（Camtasia Studio）、视频菜单的制作（Camtasia MenuMaker）、视频剧场（Camtasia Theater）和视频播放（Camtasia Player）等功能。使用该软件，用户可以方便地进行屏幕操作的录制和配音、视频的剪辑和过场动画的添加、说明字幕和水印的添加、视频封面和菜单的制作、视频的压缩和播放等操作。

图 5-10

Camtasia 录像器能在任何颜色模式下轻松地记录屏幕动作，包括光标的运动、菜单的选择、弹出窗口、层叠窗口、打字和其他在屏幕上能够看得见的所有操作。除了录制屏幕以外，Camtasia Record 还允许用户在录制的时候在屏幕上画图和添加效果，以便标记出想要录制的重点内容。

使用 Camtasia Studio PPT 插件可以快速地录制 PPT 视频并将视频转化为交互式录像放到网页上，也可以转化为绝大部分的视频格式，例如 AVI、SWF 等。

无论是录制屏幕还是 PPT，用户都可以在录制的同时录制声音和网络摄像机的录像。在最后制作视频时，用户可以把摄像机录像以画中画的格式嵌入主视频中。在录像时，用户可以增加标记、增加系统图标、增加标题、增加声音效果、增加鼠标效果，也可以在录像时画图。

4. OBS

OBS 是 Open Broadcaster Software 的简称，它是一个免费的、开源的视频录制和视频实时交流软件，具有多种功能并广泛应用在视频采集、直播等领域。OBS 支持和具有以下功能：

* 支持 H264（X264）和 AAC 编码。

- 支持 Intel Quick Sync Video （QSV） 和 NVENC。

- 无限量的场景和视频源。

- 支持实时 RTMP 流推送至 Twitch、YouTube、DailyMotion、Hitbox 等平台。

- 支持以 MP4 和 FLV 格式输出。

- 支持基于 GPU 的游戏捕获，并高性能地输出游戏视频流。

- 支持 DirectShow 采集设备（Webcams、采集卡等）。

- 支持 Windows 8 高速监控采集。

- 支持双线性或 Ianczos3 重采样。

5.3.2 制作录屏类微课的注意事项

制作录屏类微课需要注意以下 7 个事项，如图 5-11 所示。

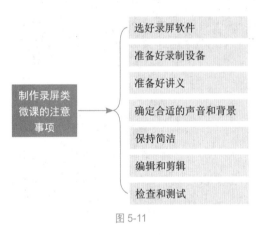

图 5-11

1. 选好录屏软件

选择一个高质量、易于使用的录屏软件非常重要，建议选择一些经过广泛使用和评价的软件，例如 OBS、Camtasia 等。

2. 准备好录制设备

确保计算机、麦克风和摄像头都运行良好，这样才能录制出高质量、无故障的微课。

3. 准备好讲义

准备好讲义，以便能够清晰地讲述主题，并在录制期间按照表格或图表的形式展示必要的信息。

4. 确定合适的声音和背景

声音是录屏类微课不可或缺的一部分，保持清晰、明确、生动的语言表达，同时设置合适的背景音乐，可以帮助听众更好地理解和记忆微课的内容。

5. 保持简洁

如果要吸引观众，需要把录制时间限制在合适的范围内，并且使用简短、生动的语言，避免语言杂乱和使用较多的复杂词汇。

6. 编辑和剪辑

在录制完毕后需要对微课进行编辑和剪辑，删除无用部分或添加必要的元素，以确保课程更流畅、更易于理解。

7. 检查和测试

检查所有元素的正确性和质量，确保视频的播放没有错误或故障，并进行充分测试，以确定微课的易用性和实效性。

5.4　编辑微课视频

本节将介绍转换视频格式和常用视频编辑软件的相关知识，为编辑微课视频打下良好的基础。

5.4.1　转换视频格式

如果视频格式不符合制作要求，用户可以使用格式工厂将视频转换成需要的格式。使用格式工厂转换视频格式的方法非常简单，下面将详细介绍。

> 实例文件的保存路径：配套素材 \ 第 5 章 \ 素材文件 \5.4.1
>
> 实例效果文件的名称：5.4.1.avi

Step01 打开格式工厂软件，① 选择"视频"选项卡，② 在列表中选择"→ AVI FLV MOV Etc..."按钮，如图 5-12 所示。

Step02 弹出"→ AVI"窗口，单击"添加文件"按钮，如图 5-13 所示。

图 5-12

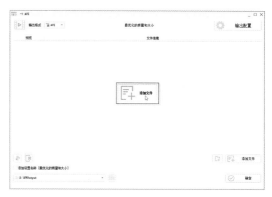

图 5-13

Step03 弹出"请选择文件"对话框，① 选择视频文件，② 单击"打开"按钮，如图 5-14 所示。

Step04 返回"→ AVI"窗口，可以看到视频已经添加到该窗口中，单击"确定"按钮，如图 5-15 所示。

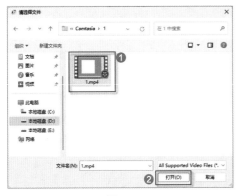

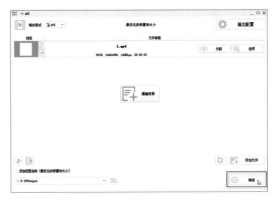

图 5-14　　　　　　　　　　　　　　　　　图 5-15

Step 05 返回格式工厂的主界面，可以看到视频已经放置在等待转换的窗格中，单击"开始"按钮，如图 5-16 所示。

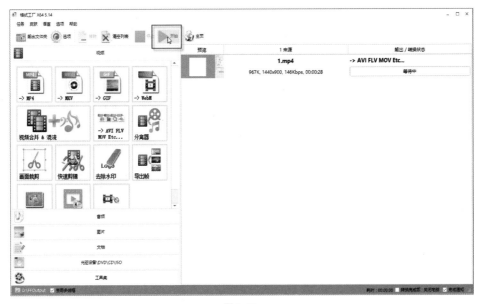

图 5-16

Step 06 视频开始转换，右侧的进度条显示转换进度，如图 5-17 所示。

图 5-17

Step07 视频完成转换，选中视频，单击"打开输出文件夹"按钮，如图 5-18 所示。

Step08 打开转换后的视频所在的文件夹，可以看到视频已经由 MP4 格式转换为 AVI 格式，如图 5-19 所示。

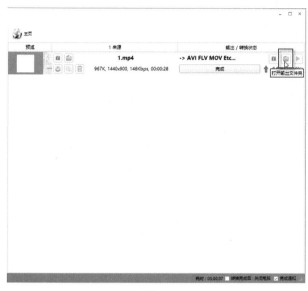

图 5-18

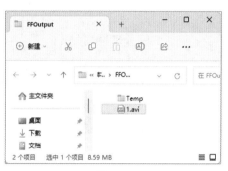

图 5-19

5.4.2　常用的视频编辑软件

常用的视频编辑软件有以下 4 种，如图 5-20 所示。

1. Adobe Premiere

Adobe Premiere 简称 Pr，是由 Adobe 公司开发的一款视频编辑软件，常用的版本有 CS4、CS5、CS6、CC 2014、CC 2015、CC 2017、CC 2018、CC 2019、CC 2020、CC 2021、CC 2022 以 及 CC 2023。Adobe Premiere 具有较好的兼容性，并且可以与 Adobe 公司推出的其他软件相互协作。这款软件广泛应用于广告制作和电视节目制作中，如图 5-21 所示为 Premiere 软件的界面。

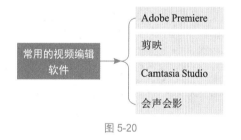

图 5-20

Adobe Premiere 是视频编辑爱好者必不可少的视频编辑工具。它可以提升用户的创作能力和创作自由度，是易学、高效、精确的视频编辑软件。Adobe Premiere 提供了采集、剪辑、调色、美化、音频和字幕添加、输出、DVD 刻录等一整套流程，并和其他 Adobe 软件高效集成，使用户足以完成在编辑、制作上遇到的所有挑战，满足用户创建高质量作品的要求。

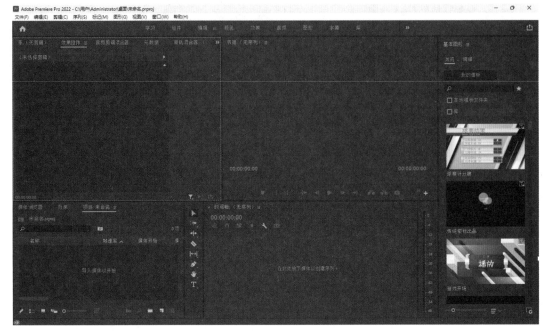

图 5-21

2. 剪映

剪映是一款视频编辑工具，具有全面的编辑功能，支持变速，有多种滤镜和美颜效果，有丰富的曲库资源。自 2021 年 2 月起，剪映支持在手机移动端、Pad 端，以及 Mac 计算机、Windows 系统计算机终端使用，如图 5-22 所示为剪映的计算机端界面。

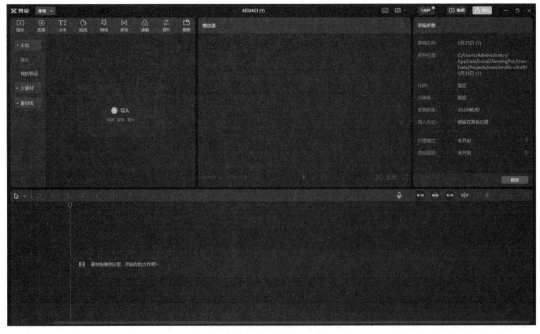

图 5-22

3. Camtasia Studio

Camtasia Studio 软件已经在 5.3.1 小节中进行了详细介绍，这里不再赘述，用户只需要清楚 Camtasia Studio 是一款集录屏与剪辑于一体的软件即可。

4. 会声会影

会声会影是加拿大的 Corel 公司制作的一款功能强大的视频编辑软件，正版英文名为 Corel Video Studio，如图 5-23 所示为会声会影软件的界面。会声会影具有图像抓取和编辑功能，可以转换 MV、DV、V8、TV 和实时记录抓取的画面文件，并提供了超过 100 多种的编辑功能与效果，可以导出多种常见的视频格式，甚至可以直接制作成 DVD 和 VCD 光盘。

图 5-23

5.5　课堂实训——录制并剪辑 PS 微课视频

本节将详细介绍录制并剪辑 PS 微课视频的方法，其中包括使用 Camtasia 录制视频和使用 Camtasia 剪辑视频。

5.5.1　录制视频

本小节主要介绍使用 Camtasia 录制 Photoshop 制作渐变效果视频的操作步骤，首先启动 Camtasia 软件，单击"录制"按钮，弹出录制窗口，设置参数，然后在 Photoshop 软件中制作效果，按 F10 键完成录制。

实例文件的保存路径：配套素材 \ 第 5 章 \ 素材文件 \5.5.1

实例效果文件的名称：5.5.1.mp4

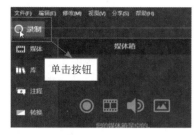

图 5-24

Step01 打开 Camtasia 软件，单击"录制"按钮，如图 5-24 所示。

Step02 弹出录制窗口，① 在"选择区域"区域中选择"全屏"选项，② 在"已录制输入"区域中选择"音频打开"选项，单击"rec"按钮开始录制，如图 5-25 所示。

Step03 弹出倒计时提示框，在 Photoshop 软件中制作效果，录制完成后按 F10 键，如图 5-26 所示。

图 5-25

图 5-26

5.5.2 剪辑视频

本小节主要介绍使用 Camtasia Studio 剪辑视频的操作步骤，首先在"光标效果"选项卡中选择一种光标高亮样式，然后分割视频、删除部分视频，并将后一段视频移至开头处。

实例文件的保存路径：配套素材 \ 第 5 章 \ 素材文件 \5.5.2

实例效果文件的名称：5.5.2.mp4

Step01 返回到 Camtasia 界面，① 选择"光标效果"选项卡，② 选择一种样式，③ 单击并拖动至视频上，如图 5-27 所示。

图 5-27

Step02 移动时间指示器滑块至需要分割的位置，单击"拆分"按钮，如图 5-28 所示。

Step03 视频在滑块所在的位置被分割成两段，使用相同的方法分割音频，选中前一段音频和视频，然后右击选中的音频和视频，在弹出的快捷菜单中选择"删除"菜单项，如图 5-29 所示。

图 5-28

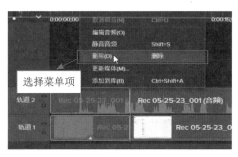

图 5-29

Step04 前一段音频和视频被删除，将后一段音频和视频移到开头处，通过以上步骤即可完成录制并剪辑微课视频的操作，如图 5-30 所示。

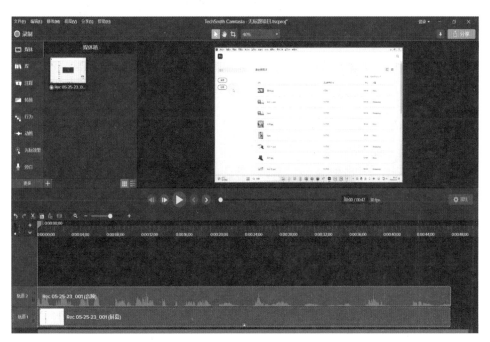

图 5-30

5.6　思考与练习

通过本章的学习，读者基本上可以了解录制微课视频需要掌握的基本知识，下面练习几道习题，以达到巩固与提高的目的。

一、填空题

1. 使用摄像机拍摄微课需要注意选择合适的摄像机、_____、调整摄像机设置、_____、注意音频质量以及_____。

2. 视频拍摄的画面构图的要求包括_____、重心与视线、_____、黄金分割和_____。

3. 动态拍摄的要求包括稳定性、_____、对焦、_____和拍摄角度。

二、判断题

1. 景别是指在焦距一定时，由于摄影机与被摄体的距离不同，而造成被摄体在摄影机的录像器中所呈现出的范围大小不同。（　　　）

2. 讲师或演讲者的身体应完全展现在镜头画面中，包括头部、肩部和下半身。（　　　）

3. 如果视频格式不符合制作要求，用户可以使用格式工厂将视频转换成需要的格式。（　　　）

三、思考题

1. 简述微课视频对拍摄角度的要求。

2. 简述制作录屏类微课的注意事项。

第6章 使用 Premiere 编辑拍摄型微课

本章要点

- Premiere 的基础操作
- 制作微课视频

本章主要内容

本章介绍 Premiere 基础操作和制作微课视频方面的知识与技巧，在本章的最后还针对实际工作需求讲解了剪辑地理课微课视频的方法。通过本章的学习，读者可以掌握使用 Premiere 编辑拍摄型微课的知识，为深入学习微课制作奠定基础。

6.1 Premiere 的基础操作

在使用 Premiere 软件编辑视频和音频文件之前，首先需要了解相关的基础知识，例如 Premiere 的工作界面、新建与导入视频文件以及管理视频素材等。

6.1.1 Premiere 的工作界面

启动 Premiere，程序默认打开的工作界面如图 6-1 所示，这是"学习"模式工作界面。其特点在于该布局方案为用户进行项目管理、查看源素材和节目播放效果、编辑时间轴等多项工作进行了优化，使用户在进行此类操作时能够快速找到所需面板或工具，同时为初学者提供了学习视频。

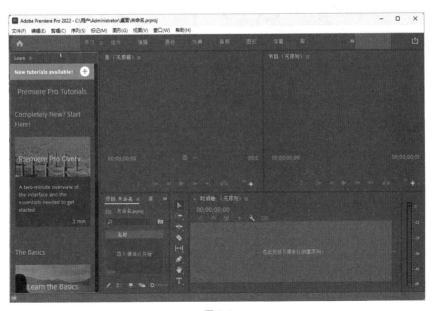

图 6-1

Premiere 2022 提供了多种工作界面布局，以便用户在进行不同类型的编辑工作时能够达到更高的工作效率。用户可以直接单击菜单栏下面"工作区布局"工具栏中相应的选项卡，快速选择想要使用的界面布局，例如"音频"模式工作界面、"颜色"模式工作界面、"编辑"模式工作界面、"效果"模式工作界面等，如图 6-2 所示。

图 6-2

Premiere 2022 的工作界面由多个活动面板组成，下面详细介绍几个常用的工作面板的相关知识。

1. "项目"面板

"项目"面板用于对素材进行导入、存放和管理，该面板可以用多种方式显示素材，包括素材的缩略图、名称、类型、颜色标签、出入点等信息；在该面板中也可以为素材分类、重命名素材、新建素材等，该面板如图 6-3 所示。

2. "节目"面板

"节目"面板用来显示音 / 视频节目编辑合成后的最终效果，用户可以通过预览最终效果来估算编辑的效果与质量，以便进一步调整和修改，如图 6-4 所示。

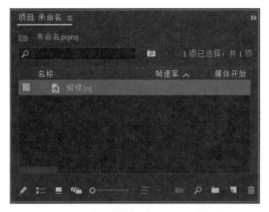

图 6-3

图 6-4

3. "时间轴"面板

图 6-5

"时间轴"面板是 Premiere 2022 中最主要的编辑面板，在该面板中用户可以按照时间顺序排列和连接各种素材，可以剪辑片段、叠加图层、设置动画关键帧和合成效果等。时间轴还可以多层嵌套，该功能对制作影视长片或者复杂的特效十分有用，如图 6-5 所示。

4."效果"面板

"效果"面板的作用是提供多种视频过渡效果，在 Premiere 2022 中，系统共为用户提供了 70 多种视频过渡效果，如图 6-6 所示。

5."效果控件"面板

如果想修改视频效果，可以在"效果控件"面板中进行设置，如图 6-7 所示。

图 6-6

图 6-7

6."源"面板

"源"面板的主要作用是预览和修剪素材，在编辑影片时只需要双击"项目"面板中的素材，即可通过"源"面板中的监视器预览效果。在该面板中，素材预览区的下方为时间标尺，底部则为播放控制区，如图 6-8 所示。

图 6-8

7. "工具"面板

"工具"面板主要用于对时间轴上的素材进行剪辑、添加或移除关键帧等操作，如图6-9所示。

8. "效果控件"面板

如果想修改视频过渡效果，可以在"效果控件"面板中进行设置。单击"窗口"主菜单，在弹出的菜单中选择"效果控件"菜单项，即可打开"效果控件"面板，如图6-10所示。

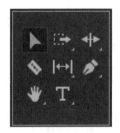

图6-9   图6-10

9. "字幕"面板

单击"文件"菜单，在弹出的菜单中选择"新建"菜单项，在弹出的子菜单中选择"旧版标题"菜单项，弹出"新建字幕"对话框，单击"确定"按钮，即可打开"字幕"面板，如图6-11所示。

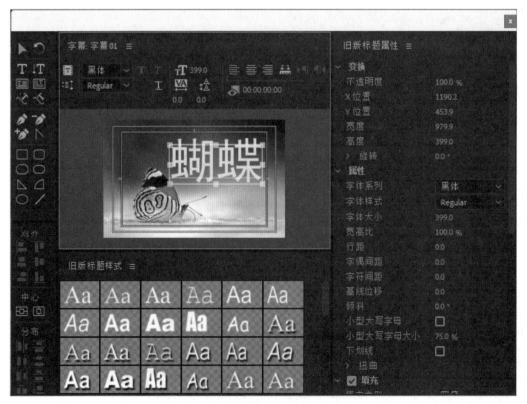

图6-11

10．"基本图形"面板

注意，使用旧版标题创建字幕的方法将在 Premiere Pro 中停用，用户可以使用全新的"基本图形"面板创建字幕。单击"窗口"菜单，在弹出的菜单中选择"基本图形"菜单项，即可打开"基本图形"面板，用户可以在其中创建字幕和形状等文件，如图 6-12 所示。

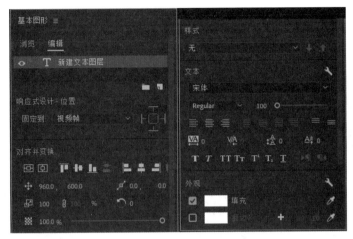

图 6-12

11．"音轨混合器"面板

音轨混合器是 Premiere 2022 为用户制作高质量音频所准备的多功能音频素材处理平台。利用 Premiere 音轨混合器，用户可以在现有音频素材的基础上创建复杂的音频效果。从"音轨混合器"面板中可以看出，音轨混合器由若干音频轨道控制器和播放控制器组成，而每个轨道的控制器又由对应轨道的控制按钮和音量控制器等控件组成，如图 6-13 所示。

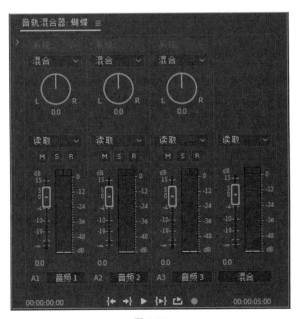

图 6-13

12. "历史记录"面板

在"历史记录"面板中记录了用户操作过的所有步骤，单击某一步骤名称即可返回到该步骤，便于用户修改，如图 6-14 所示。

13. "信息"面板

通过"信息"面板可以查看当前素材源监视器中显示的素材的信息，包括类型、入点、出点、持续时间、所在序列、当前所在时间点等，如图 6-15 所示。

图 6-14

图 6-15

6.1.2 新建与导入视频文件

如果要使用 Premiere 编辑视频，首先应该创建符合要求的项目文件，然后导入素材。导入素材的方法有多种，例如选择"文件"→"导入"命令，或者右击"项目"面板中的空白处，在弹出的快捷菜单中选择"导入"菜单项。

实例文件的保存路径：配套素材 \ 第 6 章 \ 素材文件 \6.1.2
实例效果文件的名称：6.1.2.prproj

Step 01 打开 Premiere 软件，单击"新建项目"按钮，如图 6-16 所示。

Step 02 弹出"新建项目"对话框，① 在"名称"文本框中输入名称，② 设置项目文件的保存位置，③ 单击"确定"按钮，如图 6-17 所示。

Step 03 进入 Premiere 主界面，右击"项目"面板中的空白处，在弹出的快捷菜单中选择"导入"菜单项，如图 6-18 所示。

Step 04 弹出"导入"对话框，① 选择准备导入的视频文件，② 单击"打开"按钮，如图 6-19 所示。

图 6-16

图 6-17

图 6-18

图 6-19

Step 05 返回到 Premiere 主界面，可以看到"项目"面板中已经导入了名为"1"的视频素材，如图 6-20 所示。

知识常识

除了通过执行菜单命令和上面讲解的右击"项目"面板中的空白处的方法导入视频素材以外，用户还可以双击"项目"面板中的空白处，直接打开"导入"对话框进行导入。

图 6-20

6.1.3　管理视频素材

在 Premiere 中，可以直接在"节目"面板或"时间轴"面板中编辑各种素材，但是如果要进行精确的编辑操作，必须先使用"源"面板对素材进行预处理，再将其添加到"时间轴"面板中。本小节将介绍在"源"面板中管理素材的知识。

1. 标记出/入点

素材开始帧的位置是入点，结束帧的位置是出点，源监视器中入点和出点范围之外的内容相当于切去了，在时间轴中这一部分将不会出现，改变入点和出点的位置就可以改变素材在时间轴上的长度。下面将详细介绍设置素材的入点和出点的方法。

Step01 在"源"面板中拖动时间标记找到设置入点的位置，单击"标记入点"按钮，入点位置左边的颜色不变，入点位置右边的颜色变成灰色，如图 6-21 所示。

Step02 浏览影片找到准备设置出点的位置，单击"标记出点"按钮，出点位置左边的颜色保持灰色，出点位置右边的颜色不变，如图 6-22 所示。

图 6-21

图 6-22

图 6-23

2. 清除出/入点

Step01 右击"源"面板中的画面，在弹出的快捷菜单中选择"清除入点和出点"菜单项，如图 6-23 所示。

Step02 通过以上步骤即可完成清除出 / 入点的操作，如图 6-24 所示。

图 6-24

3. 创建子剪辑

对于一段很长的素材，若想在序列中使用它的不同部分，则需要在创建序列之前把素材剪辑成若干片段，以便在"项目"面板中更好地组织它们，这正是创建子剪辑的原因。下面将介绍创建子剪辑的方法。

Step01 启动 Premiere 2022，创建项目文件，双击"项目"面板中的空白处，打开"导入"对话框，① 选择准备导入的素材，② 单击"打开"按钮，如图 6-25 所示。

Step02 素材被导入"项目"面板中，双击素材，素材显示在"源"面板中，拖动时间标记找到设置入点的位置，单击"标记入点"按钮，如图 6-26 所示。

图 6-25

图 6-26

Step 03 继续拖动时间标记找到设置出点的位置，单击"标记出点"按钮▮，如图 6-27 所示。

Step 04 右击画面，在弹出的快捷菜单中选择"制作子剪辑"菜单项，如图 6-28 所示。

图 6-27   图 6-28

Step 05 弹出"制作子剪辑"对话框，保持默认设置，单击"确定"按钮，如图 6-29 所示。

Step 06 在"项目"面板中可以看到新添加了一个子剪辑素材，如图 6-30 所示。

图 6-29   图 6-30

6.2 制作微课视频

使用 Premiere 制作微课视频包括添加与剪辑视频、设置视频转场效果、制作视频课程字幕、为视频添加背景音乐以及导出与发布视频 5 个步骤。本节将详细介绍使用 Premiere 制作微课视频的相关知识。

6.2.1 添加与剪辑视频

在将素材导入"项目"面板中以后，就可以将素材添加到"时间轴"面板中进行剪辑操作了，将素材添加到"时间轴"面板中进行剪辑的方法非常简单，下面详细介绍。

实例文件的保存路径：配套素材 \ 第 6 章 \ 素材文件 \6.2.1.

实例效果文件的名称：6.2.1.prproj

Step01 打开素材，单击并拖动"项目"面板中的素材到"时间轴"面板中，如图 6-31 所示。

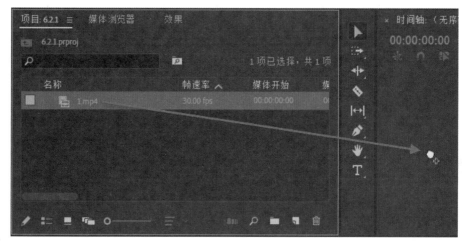

图 6-31

Step02 在"时间轴"面板中已经添加了素材，在工具栏中单击"剃刀工具"按钮，将时间指示器移至 5 秒 7 帧处，在素材上单击裁剪素材，如图 6-32 所示。

Step03 可以看到视频素材被裁剪成两段，通过以上步骤即可完成添加与剪辑视频的操作，如图 6-33 所示。

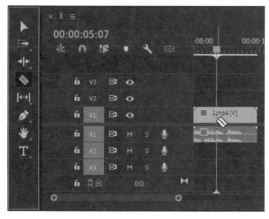

图 6-32

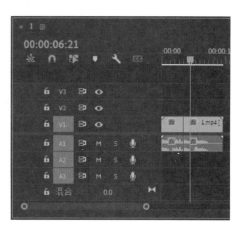

图 6-33

6.2.2　设置视频转场效果

在镜头切换中加入过渡效果这一技术被广泛应用于数字电视制作中，是比较常见的技术手段。加入过渡效果会使视频更富有表现力，会使影片风格更加突出。本小节将详细介绍设置视频转场效果的方法。

实例文件的保存路径：配套素材＼第 6 章＼素材文件＼6.2.2.

实例效果文件的名称：6.2.2.prproj

Step01 打开素材，在"效果"面板中单击展开"视频过渡"文件夹，然后单击展开"Dissolve"文件夹，将"Additive Dissolve"效果拖到视频开头处，如图 6-34 所示。

图 6-34

Step02 可以看到视频开头处已经添加了视频过渡效果，如图 6-35 所示。

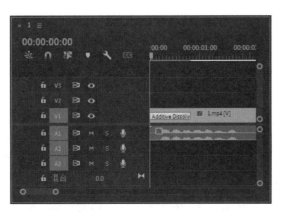

图 6-35

6.2.3 制作视频课程字幕

　　在影视节目中字幕是必不可少的，字幕可以帮助影片更完整地展现相关信息，起到解释画面、补充内容等作用。创建字幕的方法有两种，一种是使用文字工具直接创建，另一种是在"基本图形"面板中创建。下面分别进行详细介绍。

实例文件的保存路径：配套素材＼第 6 章＼素材文件＼6.2.3

实例效果文件的名称：6.2.3.prproj

1. 使用文字工具创建字幕

Step01 在工具栏中单击"文字工具"按钮**T**，在"节目"面板的画面中单击定位光标，此时在"时间轴"面板的 V2 轨道中会自动添加一个"图形"素材，使用输入法输入文本内容，如图 6-36 所示。

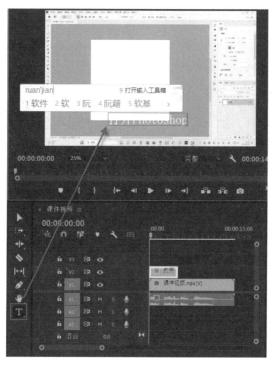

图 6-36

Step02 按空格键完成输入，然后选中所有文本，在"基本图形"面板中单击"填充"选项左侧的颜色块，如图 6-37 所示。

Step03 弹出"拾色器"对话框，① 设置 R、G、B 数值，② 单击"确定"按钮，如图 6-38 所示。

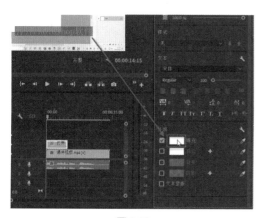

图 6-37

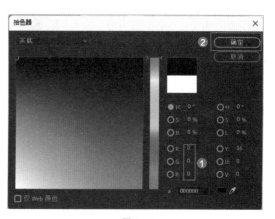

图 6-38

Step04 设置文本的字体为"黑体"、大小为 80，并移动文本至合适的位置，如图 6-39 所示。

图 6-39

2. 在"基本图形"面板中创建字幕

Step01 打开"基本图形"面板，① 选择"编辑"选项卡，② 单击"新建图层"按钮，③ 在弹出的菜单中选择"文本"菜单项，如图 6-40 所示。

Step02 在"节目"面板的画面中出现"新建文本图层"文本框，此时在"时间轴"面板的 V2 轨道中会自动添加一个"新建文本图层"素材，双击文本框选中文本，然后使用输入法输入文本内容，如图 6-41 所示。

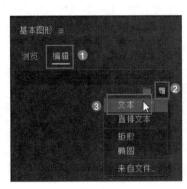

图 6-40

图 6-41

Step 03 按空格键完成输入，单击"选择工具"按钮 ，移动字幕至画面中合适的位置，如图 6-42 所示。

Step 04 在"基本图形"面板中可以看到刚创建的文本图层，如图 6-43 所示。

图 6-42　　　　　　　　　　　　　　　　　　图 6-43

6.2.4　为视频添加背景音乐

在制作微课视频时，声音是必不可少的元素，无论是同期的配音、后期的效果还是背景音乐都是不可或缺的。微课视频中的声音包括人声、解说、音乐和音响等，本小节将详细介绍为视频添加背景音乐的方法。

> 实例文件的保存路径：配套素材 \ 第 6 章 \ 素材文件 \6.2.4
> 实例效果文件的名称：6.2.4.prproj

Step 01 打开素材文件，右击"项目"面板中的空白处，在弹出的快捷菜单中选择"导入"菜单项，如图 6-44 所示。

Step 02 弹出"导入"对话框，① 选择准备导入的视频文件，② 单击"打开"按钮，如图 6-45 所示。

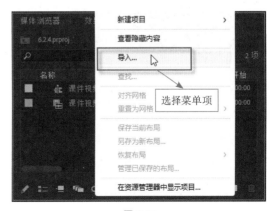

图 6-44

图 6-45

Step 03 音频素材已经添加到"项目"面板中，将音频素材拖入"时间轴"面板的 A2 轨道中，如图 6-46 所示。

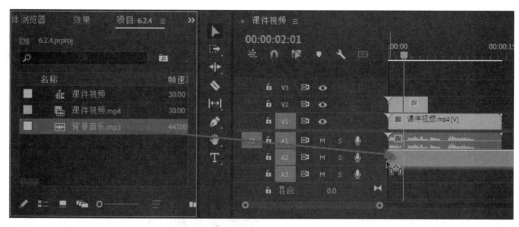

图 6-46

Step 04 在工具栏中单击"剃刀工具"按钮，将背景音乐开头处的静音部分裁剪出来，如图 6-47 所示。

Step 05 背景音乐被裁剪为两段，右击前一段音频，在弹出的快捷菜单中选择"清除"菜单项，如图 6-48 所示。

Step 06 前一段音频被删除，将后一段音频移至开头处，然后右击该音频，在弹出的快捷菜单中选择"速度 / 持续时间"菜单项，如图 6-49 所示。

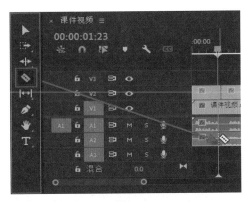

图 6-47

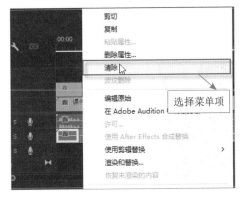

图 6-48

Step 07 弹出剪辑"速度 / 持续时间"对话框，① 设置"速度"参数，② 单击"确定"按钮，如图 6-50 所示。

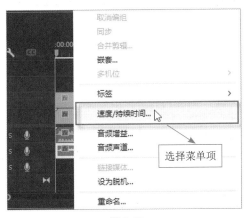

图 6-49

图 6-50

Step 08 使用剃刀工具裁剪多余的音频素材，如图 6-51 所示。

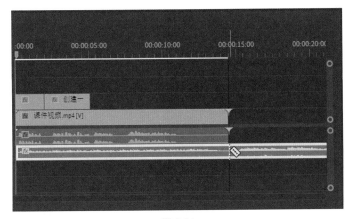

图 6-51

Step 09 右击音频，在弹出的快捷菜单中选择"音频增益"菜单项，如图 6-52 所示。

Step10 弹出"音频增益"对话框，① 选中"调整增益值"单选按钮，设置参数值，② 单击"确定"按钮，即可完成为视频添加背景音乐的操作，如图 6-53 所示。

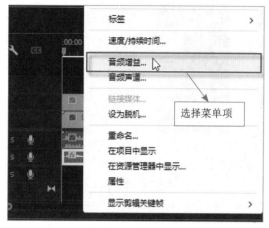
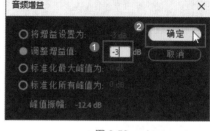

图 6-52　　　　　　　　　　　　　　　　　图 6-53

6.2.5　导出与发布视频

在完成整个视频的编辑操作以后，就可以将项目内所用到的各种素材整合在一起输出为一个独立的、可直接播放的视频文件。在进行此类操作之前还需要对影片输出时的各项参数进行设置，本小节将详细介绍导出与发布视频的方法。

实例文件的保存路径：配套素材 \ 第 6 章 \ 素材文件 \6.2.5
实例效果文件的名称：6.2.5.avi

Step01 打开素材文件，① 单击"文件"菜单，② 在弹出的菜单中选择"导出"菜单项，③ 在弹出的子菜单中选择"媒体"菜单项，如图 6-54 所示。

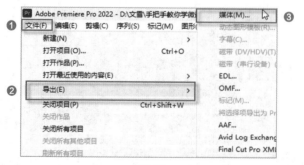

图 6-54

Step02 弹出"导出设置"对话框，① 在"格式"列表框中选择输出格式，② 在"输出名称"区域中设置文件的保存位置和名称，③ 单击"导出"按钮，如图 6-55 所示。

Step03 弹出"编码"对话框提示进度，需要等待一段时间，通过以上步骤即可完成导出与发布视频的操作，如图 6-56 所示。

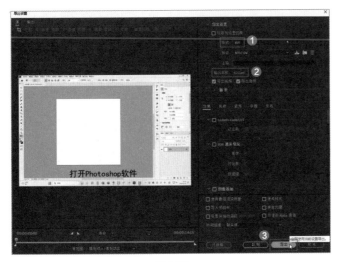

图 6-55

图 6-56

用户除了可以通过"文件"→"导出"→"媒体"命令打开"导出设置"对话框以外，还可以通过按 Ctrl+M 组合键打开"导出设置"对话框。

6.3　课堂实训——剪辑地理课微课视频

本节将详细介绍创建并剪辑名为"冰川地貌"的地理课微课视频的方法，其中包括使用 Premiere 创建并剪辑视频、添加字幕与背景音乐以及导出视频。

6.3.1　创建并剪辑视频

使用 Premiere 创建并剪辑名为"冰川地貌"的地理课微课视频的操作步骤如下：

实例文件的保存路径：配套素材 \ 第 6 章 \ 素材文件 \6.3.1
实例效果文件的名称：6.3.1.avi

Step01 启动 Premiere 程序，创建一个新项目，然后双击"项目"面板中的空白处，弹出"导入"对话框，① 选择准备导入的视频文件，② 单击"打开"按钮，如图 6-57 所示。

Step02 返回到 Premiere 主界面，可以看到"项目"面板中已经导入了视频素材，将素材依次拖入"时间轴"面板中创建序列，如图 6-58 所示。

图 6-57

图 6-58

Step 03 右击"冰川"素材，在弹出的快捷菜单中选择"取消链接"菜单项，如图 6-59 所示。

Step 04 素材的音频和视频链接被取消，选中音频，按 Delete 键删除音频，如图 6-60 所示。

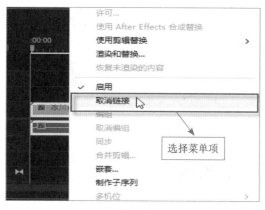

选择菜单项

图 6-59

图 6-60

6.3.2　添加字幕与背景音乐

　　本小节主要介绍使用 Premiere 为名为"冰川地貌"的地理课微课视频添加字幕与背景音乐的操作步骤，主要运用到的知识点有使用文字工具输入文本、设置文本的持续时间、使用剃刀工具裁剪多余的素材。

实例文件的保存路径：配套素材 \ 第 6 章 \ 素材文件 \6.3.2

实例效果文件的名称：6.3.2.avi

Step 01 在工具栏中单击"文字工具"按钮 **T**，在"节目"面板的画面中单击定位光标，此时在"时间轴"面板的 V2 轨道中会自动添加一个"图形"素材，使用输入法输入文本内容，并设置字体和字号，如图 6-61 所示。

Step02 右击文本素材，在弹出的快捷菜单中选择"速度 / 持续时间"菜单项，弹出"剪辑速度 / 持续时间"对话框，① 设置"持续时间"参数，② 单击"确定"按钮，如图 6-62 所示。

Step03 将音频素材"1.mp3"导入"项目"面板中，然后将素材拖入"时间轴"面板的 A1 轨道中，使用剃刀工具裁剪多余的音频并删除，如图 6-63 所示。

图 6-61

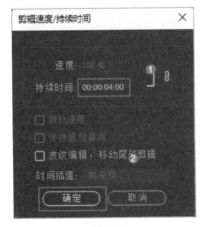

图 6-62

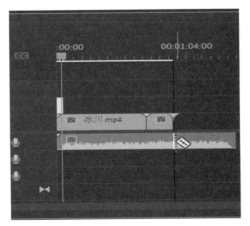

图 6-63

6.3.3 导出视频

本小节将详细介绍导出视频的方法。

109

实例文件的保存路径：配套素材 \ 第 6 章 \ 效果文件 \6.3.3

实例效果文件的名称：6.3.3.avi

Step01 ① 单击"文件"菜单，② 在弹出的菜单中选择"导出"菜单项，③ 在弹出的子菜单中选择"媒体"菜单项，如图 6-64 所示。

Step02 弹出"导出设置"对话框，① 设置参数，② 单击"导出"按钮，即可完成剪辑地理课微课视频的操作，如图 6-65 所示。

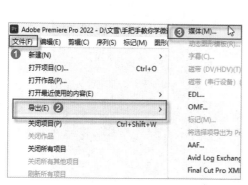

图 6-64

图 6-65

6.4　思考与练习

通过本章的学习，读者基本上可以了解使用 Premiere 编辑拍摄型微课需要掌握的基本知识，下面练习几道习题，以达到巩固与提高的目的。

一、填空题

1. ＿＿＿＿＿＿面板的作用是提供多种视频过渡效果，在 Premiere2022 中，系统共为用户提供了＿＿＿＿＿＿多种视频过渡效果。

2. 如果想修改视频效果，可以在＿＿＿＿＿＿面板中进行设置。

二、判断题

1. "项目"面板用于对素材进行导入、存放和管理。（　　　）

2. "节目"面板用来显示音 / 视频节目编辑合成后的最终效果。（　　　）

三、思考题

1. 如何使用 Premiere 导入视频素材？

2. 如何使用 Premiere 导出视频文件？

第7章 使用 Camtasia Studio 制作录屏型微课

本章要点

- 录制计算机屏幕
- 制作变焦动画效果
- 编辑文字和图像
- 编辑微课音频
- 编辑微课视频

本章主要内容

本章介绍录制计算机屏幕、制作变焦动画效果、编辑文字和图像、编辑微课音频的知识与技巧，同时讲解如何编辑微课视频，最后针对实际工作需求讲解制作测量气温 PPT 课件微课视频的方法。通过本章的学习，读者可以掌握使用 Camtasia Studio 制作录屏型微课的知识，为深入学习微课制作奠定基础。

7.1 录制计算机屏幕

本节将介绍使用 Camtasia Studio 录制计算机屏幕的相关知识，包括选择录制区域、录制 PowerPoint 课件、录制语音旁白以及添加和设置指针效果。

7.1.1 选择录制区域

用户可以对录制的屏幕大小进行自定义设置，可以选择全屏录制，也可以选择录制部分区域，包括宽屏（720p HD、480p SD）、标屏（1024×768/640×480）以及最近区域。下面详细介绍选择录制区域的方法。

Step 01 打开 Camtasia Studio 软件，单击"录制"按钮，如图 7-1 所示。

Step 02 弹出录制窗口，在"选择区域"区域中选择"全屏"选项，如图 7-2 所示。

图 7-1

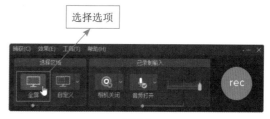

图 7-2

用户也可以在录制窗口中单击"自定义"下拉按钮，在弹出的列表中选择不同大小的录制区域，如图 7-3 所示。

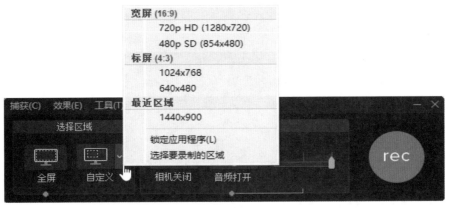

图 7-3

7.1.2 录制 PowerPoint 课件

 在计算机中安装了 PowerPoint 以后再安装 Camtasia Studio 软件，PowerPoint 的选项卡栏中会添加一个"加载项"选项卡，用户可以通过该选项卡与 Camtasia Studio 软件联动，录制演示文稿。下面介绍录制 PowerPoint 课件的方法。

实例文件的保存路径：配套素材\第 7 章\素材文件\7.1.2

实例效果文件的名称：7.1.2.trec、7.1.2.mp4

Step01 打开演示文稿素材，①选择"加载项"选项卡，②单击"录制"按钮，如图 7-4 所示。

Step02 演示文稿开始全屏播放，右下角会弹出 Camtasia 录制窗口，单击"单击可开始录制"按钮，如图 7-5 所示。

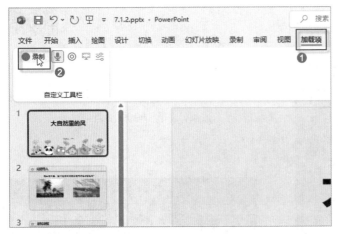

图 7-4

图 7-5

Step03 在幻灯片放映结束后弹出"Camtasia PowerPoint 加载项"对话框，单击"停止录制"按钮，如图 7-6 所示。

Step04 弹出"将 TechSmith 录制另存为"对话框，① 在"文件名"文本框中输入名称，② 单击"保存"按钮，如图 7-7 所示。

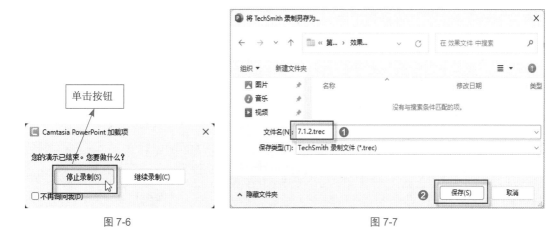

图 7-6　　　　　　　　　　　　　　　　　图 7-7

Step05 在幻灯片放映结束后弹出"Camtasia for PowerPoint"对话框，选中"生成您的录制"单选按钮，单击"确定"按钮，如图 7-8 所示。

Step06 返回 Camtasia Studio 界面，弹出"生成向导"对话框，保持默认设置，单击"下一页"按钮，如图 7-9 所示。

图 7-8

图 7-9

Step07 进入下一页面，① 选中"MP4- 智能播放器"单选按钮，② 单击"下一页"按钮，如图 7-10 所示。

Step08 进入下一页面，取消勾选"控制器生成"复选框，单击"下一页"按钮，如图 7-11 所示。

Step09 进入下一页面，保持默认设置，单击"下一页"按钮，如图 7-12 所示。

图 7-10

图 7-11

Step10 进入下一页面，① 在"生成名称"文本框中输入名称，② 在"文件夹"文本框中设置保存路径，③ 单击"完成"按钮，如图 7-13 所示。

图 7-12

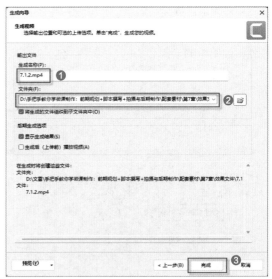
图 7-13

图 7-14

Step11 开始生成视频文件，等待一段时间，通过以上步骤即可完成使用 Camtasia Studio 录制 PowerPoint 课件的操作，如图 7-14 所示。

7.1.3　录制语音旁白

用户还可以为录制的视频添加语音旁白，其方法非常简单，选择"旁白"选项，取消勾选"录制过程中静音时间轴"复选框，单击"开始录音"按钮即可，下面详细介绍录制语音旁白的方法。

> 实例文件的保存路径：配套素材 \ 第 7 章 \ 素材文件 \7.1.3
> 实例效果文件的名称：7.1.3.m4a

Step01 打开 Camtasia Studio 软件，① 选择"旁白"选项，② 取消勾选"录制过程中静音时间轴"复选框，③ 单击"开始录音"按钮，如图 7-15 所示。

Step02 开始录制旁白，录制完成后单击"停止"按钮，如图 7-16 所示。

图 7-15

图 7-16

Step03 弹出"将旁白另存为"对话框，① 在"文件名"文本框中输入名称，② 单击"保存"按，钮即可完成录制语音旁白的操作，如图 7-17 所示。

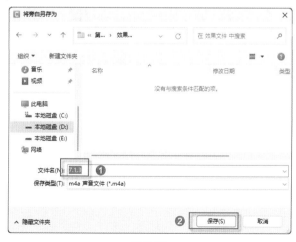

图 7-17

7.1.4　添加和设置指针效果

用户还可以为录制的视频添加和设置指针效果，其方法非常简单，选择"光标效果"选项，在"光标效果"选项卡中选择一种光标效果即可。

> 实例文件的保存路径：配套素材 \ 第 7 章 \ 素材文件 \7.1.4

实例效果文件的名称：7.1.4. tscproj

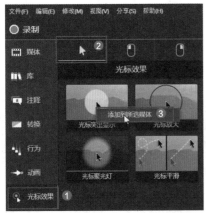

图 7-18

Step01 打开素材文件，① 选择"光标效果"选项，② 单击上方的第一个箭头标识，③ 右击"光标突出显示"效果，选择"添加到所选媒体"菜单项，如图 7-18 所示。

Step02 可以看到视频中的光标已经添加了所选效果，如图 7-19 所示。

Step03 用户还可以单击"属性"按钮，打开"属性"面板，在其中设置光标效果的具体参数，如图 7-20 所示。

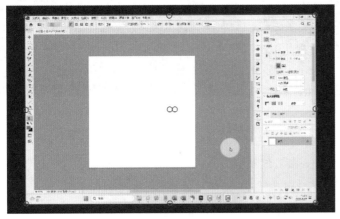

图 7-19

图 7-20

7.2　制作变焦动画效果

本节将介绍使用 Camtasia Studio 制作变焦动画效果的相关知识，包括放大屏幕、缩小屏幕以及制作缩放动画。

7.2.1　放大屏幕

① 选择"动画"选项，② 选择"缩放与平移"选项卡，③ 在"缩放"文本框中输入数值，在上方的缩览图中查看效果，如图 7-21 所示。

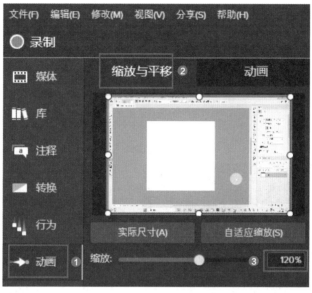

图 7-21

7.2.2　缩小屏幕

① 选择"动画"选项，② 选择"缩放与平移"选项卡，③ 在"缩放"文本框中输入数值，在上方的缩览图中查看效果，如图 7-22 所示。

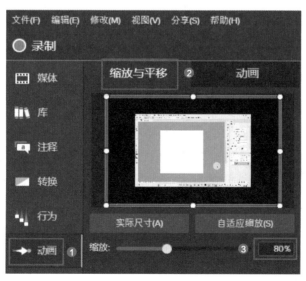

图 7-22

7.2.3　制作缩放动画

　　了解了放大屏幕和缩小屏幕的方法，接下来用户可以为视频添加缩放动画，使视频画面有一个从大到小或者从小到大的变换过程。制作缩放动画的方法非常简单，下面详细介绍。

实例文件的保存路径：配套素材＼第 7 章＼素材文件＼7.2.3

实例效果文件的名称：7.2.3.tscproj

Step01 打开素材文件，将时间指示器移至需要添加动画的帧上，如图 7-23 所示。

Step02 ① 选择"动画"选项，② 选择"缩放与平移"选项卡，③ 在"缩放"文本框中输入数值，如图 7-24 所示。

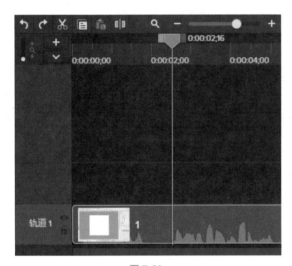

图 7-23

图 7-24

Step03 可以看到视频上从指示器的位置向后添加了一个向右的箭头，表示添加了缩放动画，如图 7-25 所示。

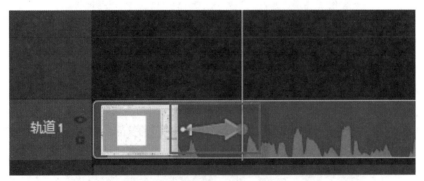

图 7-25

7.3　编辑文字和图像

由于不是所有微课视频的录制人员的普通话都十分标准，观众有可能听不清楚主讲人所说的内容，此时就需要为微课视频添加字幕，帮助观众更好地理解微课内容。

7.3.1　添加与编辑课件字幕

微课的操作步骤要有文字提示，以帮助观众了解每一步在做什么。本小节将介绍添加与编辑课件字幕的方法，主要操作步骤有打开素材文件，在"字幕"选项卡中单击"添加字幕"按钮，然后，使用输入法输入字幕，并设置字幕的属性。

> 实例文件的保存路径：配套素材\第 7 章\素材文件\7.3.1
> 实例效果文件的名称：7.3.1.tscproj

Step 01 打开素材文件，① 选择"字幕"选项，② 单击"添加字幕"按钮，如图 7-26 所示。

Step 02 在屏幕画面的下方弹出字幕编辑区域，使用输入法输入内容，如图 7-27 所示。

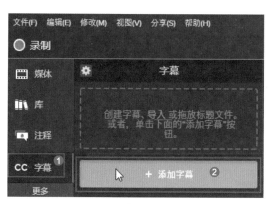

图 7-26

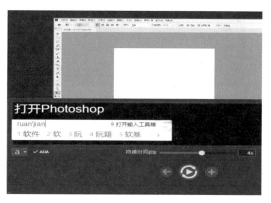

图 7-27

Step 03 单击"字体属性"下拉按钮，通过弹出的界面可以设置字幕的字体、尺寸和不透明度等属性，如图 7-28 所示。

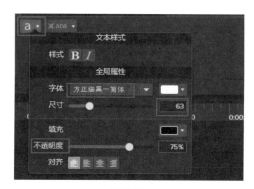

图 7-28

7.3.2 设置动态字幕效果

用户还可以为微课添加动态字幕，首先需要为视频添加注释，然后为注释添加行为。Camtasia Studio 的注释有多种类型和样式，在"标注"选项卡中包含抽象、基本、加粗和城市 4 种样式。

实例文件的保存路径：配套素材\第 7 章\素材文件\7.3.2

实例效果文件的名称：7.3.2.tscproj

Step01 打开素材文件，① 选择"注释"选项，② 在"标注"选项卡中单击并拖动一个标注样式至轨道 2 上，可以看到屏幕上已经添加了一个标注框，如图 7-29 所示。

Step02 更改标注内容，如图 7-30 所示。

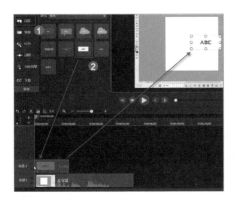

图 7-29

图 7-30

Step03 ① 选择"行为"选项，② 单击并拖动一个行为样式至标注上，如图 7-31 所示。

Step04 在"属性"面板中设置行为的各项参数，如图 7-32 所示。

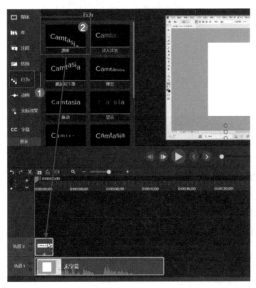

图 7-31

图 7-32

7.4　编辑微课音频

高质量的微课视频不仅要画面清晰，声音的音量也要适中、统一，并且不能有杂音。在录制微课视频时难免会有杂音，背景音乐也有可能比讲解的声音大，因此需要对音频进行后期编辑。

7.4.1　调节音量的大小

如果在录制过程中音量过大或者过小，用户可以对音量进行调节，以达到满意的效果。使用 Camtasia Studio 调节音量大小的操作非常简单，下面详细介绍。

> 实例文件的保存路径：配套素材\第 7 章\素材文件\7.4.1
> 实例效果文件的名称：7.4.1.tscproj

Step01 打开素材文件，右击视频素材，在弹出的快捷菜单中选择"编辑音频"菜单项，如图 7-33 所示。

Step02 可以看到视频素材上出现了一根音量线，将鼠标指针移至该线上，单击并向上拖动鼠标指针，可以看到音量变为 133%，表明音量变大，如图 7-34 所示。如果向下拖动鼠标，则可减小音量。

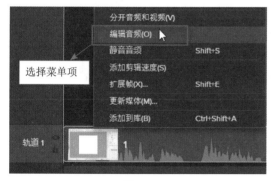

图 7-33

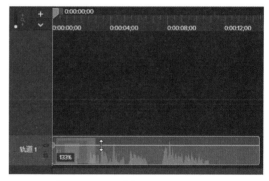

图 7-34

7.4.2　设置声音淡入淡出效果

有时要为微课添加背景音乐，如果一开始背景音乐的声音很大，会给人很突兀的感觉，在结束时如果背景音乐戛然而止，也会给人很突兀的感觉，此时可以为背景音乐设置淡入淡出效果，让音乐渐起渐落，有一个缓冲过渡。

> 实例文件的保存路径：配套素材\第 7 章\素材文件\7.4.2
> 实例效果文件的名称：7.4.2.tscproj

Step01 打开素材文件，① 选择"音效"选项，② 单击并拖动"淡入"音效至轨道 2 上背景音乐的开头处，如图 7-35 所示。

Step02 可以看到背景音乐添加了淡入效果，单击并拖动"淡出"音效至轨道 2 上背景音乐的结尾处，如图 7-36 所示。

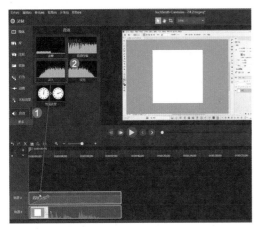

图 7-35

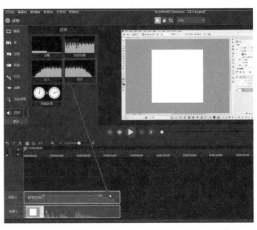

图 7-36

Step03 通过以上步骤即可完成设置声音淡入淡出效果的操作，如图 7-37 所示。

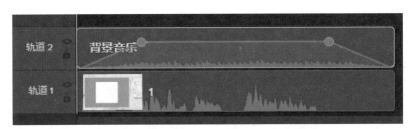

图 7-37

7.4.3 去噪

微课中声音的质量和录制环境有关，如果受到环境噪声的干扰，微课中的噪声过多，可以通过 Camtasia Studio 中的去噪功能来消除噪声，达到美化声音的作用。使用去噪功能的方法非常简单，下面详细介绍。

实例文件的保存路径：配套素材 \ 第 7 章 \ 素材文件 \7.4.3
实例效果文件的名称：7.4.3.tscproj

Step01 打开素材文件，① 选择"音效"选项，② 单击并拖动"去噪"音效至音频素材上，如图 7-38 所示。

Step02 在"属性"面板中设置去噪效果的各项参数，如图 7-39 所示。

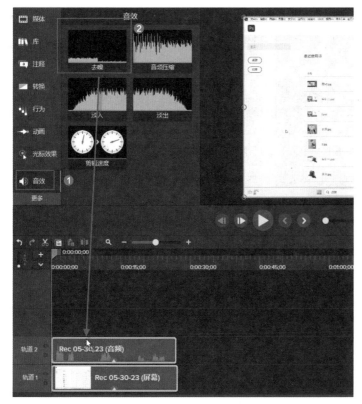

图 7-38

图 7-39

7.5　编辑微课视频

本节将介绍编辑微课视频的相关知识，包括拆分视频、复制视频以及设置视频转场效果。

7.5.1　拆分视频

有时需要对整段视频中的一部分视频添加效果，这就需要先将该部分视频拆分出来，再进行其他操作。拆分视频的方法非常简单，下面详细介绍。

> 实例文件的保存路径：配套素材 \ 第 7 章 \ 素材文件 \7.5.1
> 实例效果文件的名称：7.5.1.tscproj

Step 01 打开素材文件，将时间指示器移至准备拆分的位置，单击"拆分"按钮 ，如图 7-40 所示。

Step 02 可以看到视频素材在时间指示器所在的位置被拆分为两段，通过以上步骤即可完成拆分视频的操作，如图 7-41 所示。

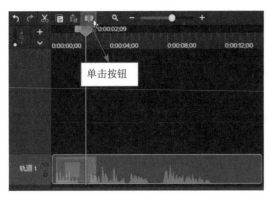
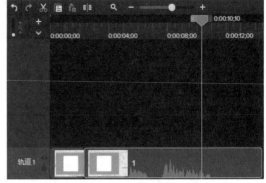

图 7-40　　　　　　　　　　　　图 7-41

7.5.2　复制视频

在微课视频的剪辑过程中，很多时候需要对视频进行复制操作，然后再对复制出的视频进行各种操作。本小节将介绍复制视频的方法，复制视频的方法非常简单，下面详细介绍。

实例文件保存路径：配套素材\第 7 章\素材文件\7.5.2
实例效果文件名称：7.5.2.tscproj

Step01 打开素材文件，选中一段素材并右击，在弹出的快捷菜单中选择"复制"菜单项，如图 7-42 所示。

Step02 将时间指示器定位在准备复制的位置，然后右击素材，在弹出的快捷菜单中选择"粘贴"菜单项，如图 7-43 所示。

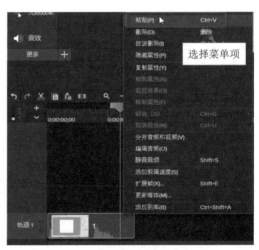

图 7-42　　　　　　　　　　　　图 7-43

Step03 可以看到在轨道 2 上粘贴了刚才复制的素材，如图 7-44 所示。

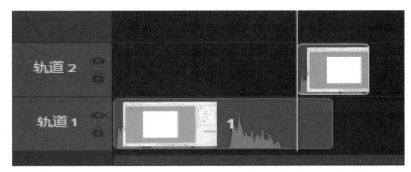

图 7-44

7.5.3　设置视频转场效果

在两段视频之间可以添加转场效果，使视频的过渡更加丰富和自然。Camtasia Studio 为用户提供了多种转场效果，包括淡入淡出、循环拉伸以及翻转等。设置视频转场效果的方法非常简单，下面详细介绍。

> 实例文件的保存路径：配套素材 \ 第 7 章 \ 素材文件 \7.5.3
> 实例效果文的件名称：7.5.3.tscproj

Step01 打开素材文件，① 选择"转换"选项，② 单击并拖动一个转场效果至轨道上的两段素材之间，如图 7-45 所示。

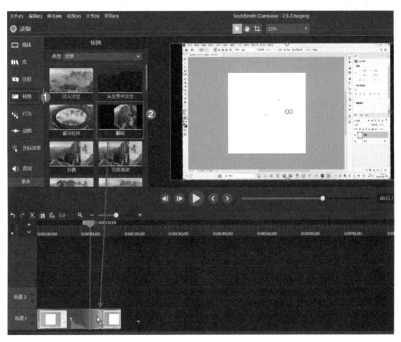

图 7-45

Step 02 可以看到两段素材之间添加了"翻转"转换效果，在屏幕上可以查看转换效果，如图
7-46 所示。

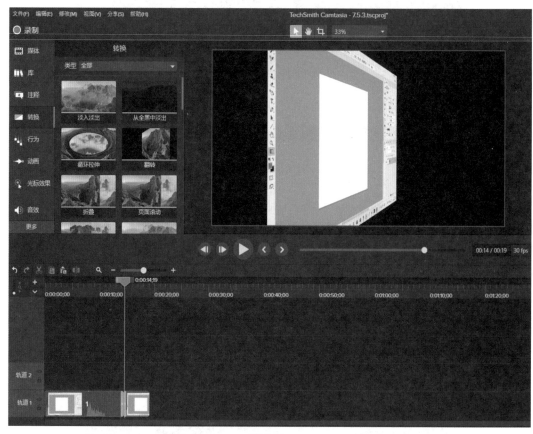

图 7-46

7.6 课堂实训——制作测量气温 PPT 课件微课视频

本节将详细介绍录制并剪辑名为"测量气温"的科学课微课视频的方法，其中包括根据 PPT 课
件录制视频、编辑视频以及导出视频。

7.6.1 根据 PPT 课件录制视频

使用 Camtasia Studio 录制名为"测量气温"的科学课微课视频的操作步骤如下：

实例文件的保存路径：配套素材\第 7 章\素材文件\7.6

实例效果文件的名称：7.6.trec

Step01 打开演示文稿素材，①选择"加载项"选项卡，②单击"录制"按钮，如图 7-47 所示。

Step02 演示文稿开始全屏播放，右下角弹出 Camtasia 录制窗口，单击"单击可开始录制"按钮，如图 7-48 所示。

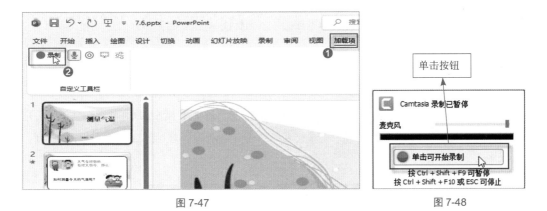

图 7-47　　　　　　　　　　　　　　　　图 7-48

Step03 在幻灯片放映结束后弹出"Camtasia PowerPoint 加载项"对话框，单击"停止录制"按钮，如图 7-49 所示。

Step04 在幻灯片放映结束后弹出"Camtasia for PowerPoint"对话框，① 选中"编辑您的录制"单选按钮，② 单击"确定"按钮，如图 7-50 所示。

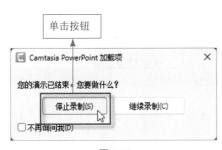
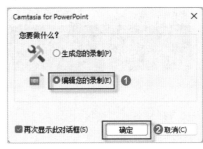

图 7-49　　　　　　　　　　　　　　　　图 7-50

Step05 弹出"将 TechSmith 录制另存为"对话框，① 在"文件名"文本框中输入名称，② 单击"保存"按钮，如图 7-51 所示。

图 7-51

7.6.2 编辑视频

本小节主要介绍使用 Camtasia Studio 编辑微课视频的操作步骤。使用 Camtasia Studio 编辑微课视频的方法很简单，主要运用到的知识点有缩短视频的长度、为音频添加降噪效果、为视频添加标注、为标注添加行为样式。

实例文件的保存路径：配套素材 \ 第 7 章 \ 素材文件 \7.6
实例效果文件的名称：7.6.tscproj

Step01 返回 Camtasia Studio 界面，可以看到时间轴上已经添加了刚录制好的视频文件，将鼠标指针移至视频的末尾处，指针变为左右箭头形状，单击并拖动鼠标向左移动，缩短视频的长度，如图 7-52 所示。

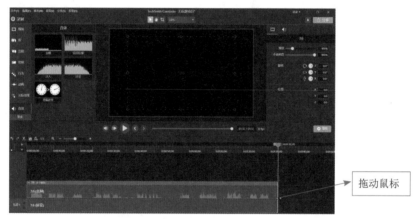

拖动鼠标

图 7-52

Step02 ① 选择"音效"选项，② 单击并拖动"去噪"音效至音频素材上，如图 7-53 所示。

Step03 将时间指示器移至准备添加标注的位置，① 选择"注释"选项，② 选择"标注"选项卡，单击并拖动一个标注样式至时间指示器所在的位置，可以看到屏幕上已经添加了一个标注框，输入内容，如图 7-54 所示。

图 7-53

图 7-54

Step 04 ①选择"行为"选项，②单击并拖动一个行为样式至标注上，如图 7-55 所示。

图 7-55

7.6.3 导出视频

本小节主要介绍使用 Camtasia Studio 导出微课视频的操作步骤，主要运用到的知识点有打开"生成向导"对话框，根据提示一步一步设置视频的选项参数，完成导出操作。

> 实例文件的保存路径：配套素材\第 7 章\素材文件\7.6
>
> 实例效果文件的名称：7.6.mp4

Step 01 ①单击软件右上角的"分享"按钮，②选择"本地文件"选项，如图 7-56 所示。

Step 02 弹出"生成向导"对话框，① 在"生成名称"文本框中输入名称，② 在"文件夹"文本框中设置保存路径，③ 单击"完成"按钮，如图 7-57 所示。

图 7-56

图 7-57

7.7 思考与练习

通过本章的学习，读者基本上可以了解使用 Camtasia Studio 制作录屏型微课需要掌握的基本知识，下面练习几道习题，以达到巩固与提高的目的。

一、填空题

1. 用户使用 Camtasia Studio 可以选择录制部分区域，包括_____、标屏（1024×768 或 640×480）以及_____。

2. 在计算机中安装了 PowerPoint 以后再安装 Camtasia Studio 软件，PowerPoint 的选项卡栏中会添加一个_____选项卡。

二、判断题

1. 用户不能在 Camtasia Studio 中录制旁白。（　　　）

2. 选择"光标效果"选项，即可为录制的视频添加和设置指针效果。（　　　）

三、思考题

1. 如何使用 Camtasia Studio 拆分素材？

2. 如何使用 Camtasia Studio 调节音量大小？

第8章 使用 Camtasia Studio 制作交互型微课

本章要点

- 创建并导出微课标记
- 制作课程测试

本章主要内容

本章主要介绍了创建并导出微课标记以及制作课程测试方面的知识与技巧，在本章的最后还针对实际的工作需求讲解制作历史课 PPT 课件微课视频的方法。通过本章的学习，读者可以掌握使用 Camtasia Studio 制作交互型微课方面的知识，为深入学习微课制作奠定基础。

8.1 创建并导出微课标记

本节将介绍创建并导出微课标记的方法，给微课视频添加标记既能清楚明了地展示微课视频的内容结构，又有利于读者有选择、有针对性地查找视频中的某一段，从而提高学习效率。

8.1.1 制作时间轴标记

本小节主要介绍制作时间轴标记的方法，制作时间轴标记的方法非常简单，执行"修改"→"标记"→"添加时间轴标记"，然后为标记输入名称即可，下面详细介绍。

> 实例文件的保存路径：配套素材\第 8 章\素材文件\8.1.1
> 实例效果文件的名称：8.1.1.tscproj

Step01 打开素材文件，将时间指示器移至开头处，① 单击"修改"菜单，② 选择"标记"菜单项，③ 选择"添加时间轴标记"子菜单项，如图 8-1 所示。

图 8-1

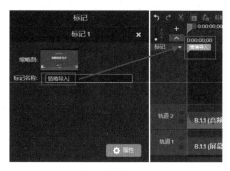

图 8-2

Step02 在"属性"面板中输入标记名称，可以看到在"时间轴"面板的素材的开头处已经添加了一个标记并显示名称，如图 8-2 所示。

经验技巧 ···

右击时间指示器，在弹出的快捷菜单中选择"添加时间轴标记"菜单项，也可以为当前位置添加标记。如果想删除时间轴标记，在时间轴中右击时间轴标记，在弹出的快捷菜单中选择"删除"菜单项即可，或者在"属性"面板中单击 ✖ 按钮，也可以删除标记。

···

8.1.2 导出时间轴标记视频

本小节主要介绍导出时间轴标记视频的方法，在添加时间轴标记以后，用户就可以按照标记位置导出多个视频片段了。导出时间轴标记视频的方法非常简单，下面详细介绍。

实例文件的保存路径：配套素材 \ 第 8 章 \ 素材文件 \8.1.2
实例效果文件的名称：8.1.2

Step01 打开素材文件，① 单击软件右上角的"分享"按钮，② 选择"本地文件"选项，如图 8-3 所示。

Step02 弹出"生成向导"对话框，保持默认设置，单击"下一页"按钮，如图 8-4 所示。

图 8-3

图 8-4

Step03 进入下一页面，① 选中"AVI- 音频视频交错视频文件"单选按钮，② 单击"下一页"按钮，如图 8-5 所示。

Step04 进入下一页面，保持默认设置，单击"下一页"按钮，如图 8-6 所示。

图 8-5

图 8-6

Step05 进入下一页面，保持默认设置，单击"下一页"按钮，如图 8-7 所示。

Step06 进入下一页面，保持默认设置，单击"下一页"按钮，如图 8-8 所示。

图 8-7

图 8-8

Step07 进入下一页面，① 勾选"根据我的标记生成多个文件"复选框，② 单击"下一页"按钮，如图 8-9 所示。

Step08 进入下一页面，① 在"生成名称"文本框中输入名称，② 在"文件夹"文本框中设置保存路径，③ 单击"完成"按钮，如图 8-10 所示。

Step09 开始生成视频文件，等待一段时间，通过以上步骤即可完成操作，如图 8-11 所示。

图 8-9

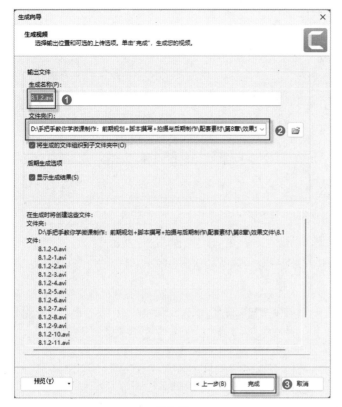

图 8-10

图 8-11

8.2 制作课程测试

微课中的测验和学习者答题后的反馈都属于交互。测验是微课的重要组成部分，与视频配套，学习者在学习过程中可以通过观看视频——练习——再看视频——再练习的方式掌握知识点。制作测验，首先要进行题目设计，然后进行制作，最后选择合适的格式进行发布。本节将讲解制作课程测试的相关知识。

8.2.1 拟定测试题目

微课中的测验题需要紧扣所学内容，并且要有一定的梯度，既需要有考察一般识记知识点的题目（此类题目比较简单，属于了解层次内容）；也需要有考察重 / 难点的提升性题目；还需要有拓展性题目，用于开拓学习者的思维，培养学习者的创新意识。

1. 测验练习的题型

在 Camtasia Studio 中，测验题可以是多项选择题、判断题、填空题、简答题。

2. 测验练习的呈现方式

Camtasia Studio 在图片处理、表格处理等方面存在局限，因此测验练习的呈现方式有限。例如，带有化学方程式、复杂的数学公式、表格或图片的题目，在 Camtasia Studio 的测验功能中无法实现。如果遇到这种情况，可以通过在幻灯片中制作等方式进行弥补。

8.2.2　客观测验题的制作方法

本小节主要介绍使用 Camtasia Studio 制作客观测验题的操作方法，客观测验题包括多项选择题和判断题。使用 Camtasia Studio 制作客观测验题的操作方法非常简单，下面以制作判断题为例进行介绍。

实例文件的保存路径：配套素材 \ 第 8 章 \ 素材文件 \8.2.2
实例效果文件的名称：8.2.2.tscproj

Step01 打开素材文件，将时间指示器移至视频的末尾处，如图 8-12 所示。

Step02 ① 单击"修改"菜单，② 选择"测验"菜单项，③ 选择"添加时间轴测验"子菜单项，如图 8-13 所示。

图 8-12

图 8-13

Step03 可以看到在时间指示器所在的位置添加了一个测验，右击该测验，在弹出的快捷菜单中选择"重命名"菜单项，如图 8-14 所示。

Step04 在"属性"面板的"测验名称"文本框中输入名称，如图 8-15 所示。

Step05 ① 在"属性"面板中选择"测验问题属性"选项卡，② 单击"类型"下拉按钮，选择"真 / 假"选项，③ 在"问题"文本框中输入问题，④ 在"答案"区域中选中"真"单选按钮，⑤ 勾选"显示反馈"复选框，⑥ 设置"如果正确"和"如果不正确"区域中的"操作"都为"继续"选项，⑦ 单击左上角的"了解测验将如何向查看者显示"按钮，如图 8-16 所示。

Step06 弹出测验窗口，① 选中"真"单选按钮，② 单击"提交答案"按钮，如图 8-17 所示。

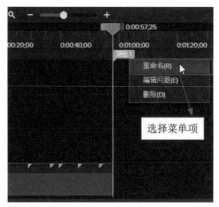

图 8-14

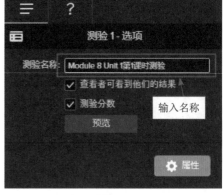

图 8-15

图 8-16

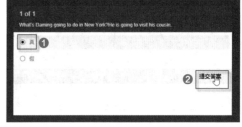

图 8-17

Step07 测验窗口显示答案正确，如图 8-18 所示。

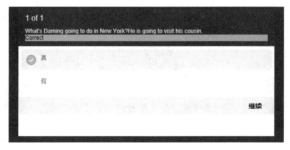

图 8-18

8.2.3　主观测验题的制作方法

本小节主要介绍使用 Camtasia Studio 制作主观测验题的操作方法，主观测验题包括简答题和填空题。使用 Camtasia Studio 制作主观测验题的操作方法非常简单，下面以制作简答题为例进行介绍。

实例文件的保存路径：配套素材 \ 第 8 章 \ 素材文件 \8.2.3
实例效果文的件名称：8.2.3.tscproj

Step01 打开素材文件，将时间指示器移至视频的末尾处，如图 8-19 所示。

Step02 ① 单击"修改"菜单，② 选择"测验"菜单项，③ 选择"添加时间轴测验"子菜单项，如图 8-20 所示。

图 8-19

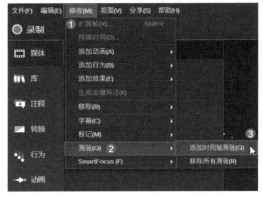

图 8-20

Step03 可以看到在时间指示器所在的位置添加了一个测验，右击该测验，在弹出的快捷菜单中选择"重命名"菜单项，如图 8-21 所示。

Step04 在"属性"面板的"测验名称"文本框中输入名称，如图 8-22 所示。

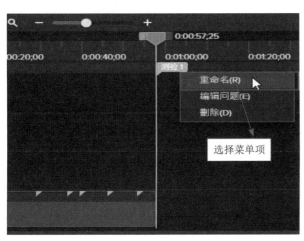

图 8-21

图 8-22

Step05 ① 在"属性"面板中选择"测验问题属性"选项卡，② 单击"类型"下拉按钮，选择"简答"选项，③ 在"问题"文本框中输入问题，④ 单击左上角的"了解测验将如何向查看者显示"按钮，如图 8-23 所示。

Step06 弹出测验窗口，① 在文本框中输入答案，② 单击"提交答案"按钮，如图 8-24 所示。

图 8-23

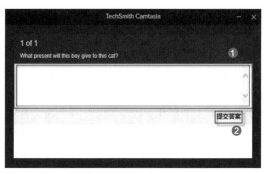

图 8-24

8.2.4 发布微课测试题

本小节主要介绍发布微课测试题的操作方法，如果微课中添加了测试题，在生成视频时会有一些特殊的要求，不按照要求操作可能会导致添加的测验失效。下面详细介绍发布微课测试题的操作方法。

实例文件的保存路径：配套素材 \ 第 8 章 \ 素材文件 \8.2.4

实例效果文件的名称：8.2.4.tscproj、8.2.4.mp4

图 8-25

Step01 打开素材文件，① 单击"分享"按钮，② 选择"本地文件"选项，如图 8-25 所示。

Step02 弹出"生成向导"对话框，保持默认设置，单击"下一页"按钮，如图 8-26 所示。

Step03 进入下一页面，① 选中"MP4- 智能播放器"单选按钮，② 单击"下一页"按钮，如图 8-27 所示。

Step04 进入下一页面，① 勾选"控制器生成"复选框，② 单击"开始缩略图"右侧的下拉按钮，选择"选择文件"选项，③ 单击"下一页"按钮，如图 8-28 所示。

Step05 进入下一页面，保持默认设置，单击"下一页"按钮，如图 8-29 所示。

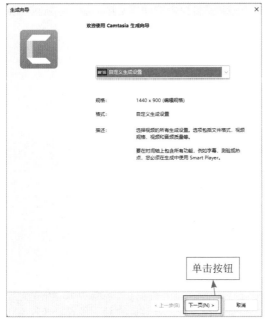

图 8-26

图 8-27

图 8-28

图 8-29

Step 06 进入下一页面，① 在 "生成名称" 文本框中输入名称，② 在 "文件夹" 文本框中设置保存路径，③ 单击 "完成" 按钮，如图 8-30 所示。

图 8-30

Step07 开始生成视频文件，等待一段时间，通过以上步骤即可完成使用 Camtasia Studio 发布微课测试题的操作，如图 8-31 所示。

图 8-31

8.3 课堂实训——制作历史课 PPT 课件微课视频

本节将详细介绍录制、剪辑并导出名为"马克思主义的诞生和国际共产主义运动的兴起"的历史课微课视频的方法，其中包括录制 PPT 课件、录制语音旁白、分割与移动素材、设置降噪效果、制作客观测验题以及导出视频。

8.3.1 录制 PPT 课件

本小节主要介绍使用 Camtasia Studio 录制名为"马克思主义的诞生和国际共产主义运动的兴起"的历史课微课视频的操作步骤，主要运用到的知识点有单击"加载项"选项卡中的"录制"按钮，开始录制视频，在录制完成后保存文件。

实例文件的保存路径：配套素材\第 8 章\素材文件\8.3
实例效果文件的名称：8.3.trec

Step01 打开演示文稿素材，①选择"加载项"选项卡，②单击"录制"按钮，如图 8-32 所示。

图 8-32

Step02 演示文稿开始全屏播放，在右下角弹出 Camtasia 录制窗口，单击"单击可开始录制"按钮，如图 8-33 所示。

Step03 在幻灯片放映结束后弹出"Camtasia PowerPoint 加载项"对话框，单击"停止录制"按钮，如图 8-34 所示。

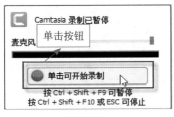

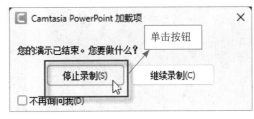

图 8-33   图 8-34

Step04 弹出"将 TechSmith 录制另存为"对话框，① 在"文件名"文本框中输入名称，② 单击"保存"按钮，如图 8-35 所示。

Step05 在幻灯片放映结束后弹出"Camtasia for PowerPoint"对话框，① 选中"编辑您的录制"单选按钮，② 单击"确定"按钮，如图 8-36 所示。

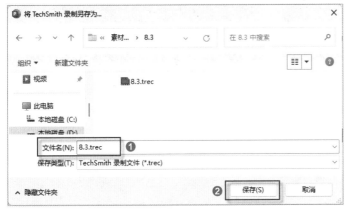

图 8-35   图 8-36

8.3.2 录制语音旁白

本小节将介绍为微课视频录制语音旁白的方法。为微课视频录制语音旁白的方法非常简单，主要运用到的知识点有单击"旁白"下的"开始录音"按钮开始录制音频，然后保存音频文件。

实例文件的保存路径：配套素材 \ 第 8 章 \ 素材文件 \8.3

实例效果文件的名称：8.3.tscproj

Step01 打开 Camtasia Studio 软件，① 选择"旁白"选项，② 勾选"录制过程中静音时间轴"复选框，③ 单击"开始录音"按钮，如图 8-37 所示。

Step02 开始录制旁白，在录制完成后单击"停止"按钮，如图 8-38 所示。

图 8-37

图 8-38

Step03 弹出"将旁白另存为"对话框，① 在"文件名"文本框中输入名称，② 单击"保存"按钮，即可完成录制语音旁白的操作，如图 8-39 所示。

图 8-39

8.3.3 分割与移动素材

本小节主要介绍分割与移动素材的方法，有时录制的旁白没有与相应的幻灯片对应，此时可以将旁白音频剪辑一下，移至相对应的幻灯片播放的时间段。下面详细介绍分割与移动素材的方法。

实例文件的保存路径：配套素材 \ 第 8 章 \ 素材文件 \8.3

实例效果文件的名称：8.3.tscproj

Step01 选中旁白素材，① 将时间指示器移至准备拆分的位置，② 单击"拆分"按钮，如图 8-40 所示。

Step02 旁白素材已经被拆分，将鼠标指针移至第 1 段旁白的末尾，单击并向左移动鼠标指针，缩短素材，如图 8-41 所示。

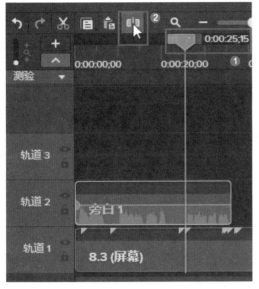

图 8-40

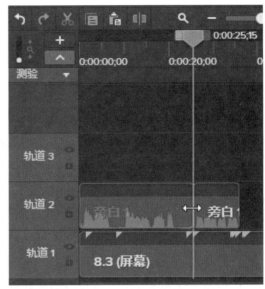

图 8-41

Step03 将第 2 段旁白向左移动对齐第 1 段旁白，然后选中两段旁白并右击，在弹出的快捷菜单中选择"组合"菜单项，如图 8-42 所示。

Step04 可以看到两段旁白组合到了一起，如图 8-43 所示。

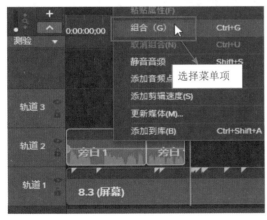

图 8-42

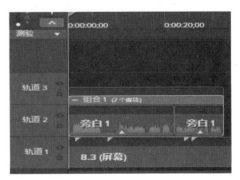

图 8-43

8.3.4 设置去噪效果

本小节主要介绍为音频文件去噪的方法，为音频文件去噪的方法非常简单，下面详细介绍。

实例文件的保存路径：配套素材\第8章\素材文件\8.3

实例效果文件的名称：8.3.tscproj

Step 01 ①选择"音效"选项，②单击并拖动"去噪"音效至音频素材上，如图8-44所示。

Step 02 在"属性"面板上设置去噪效果的各项参数，如图8-45所示。

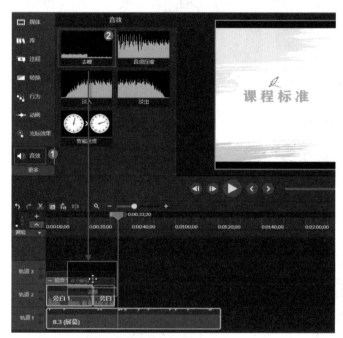

图 8-44

图 8-45

8.3.5 制作客观测验题

本小节主要介绍使用Camtasia Studio制作客观测验题的操作方法，客观测验题包括多项选择题和判断题。使用Camtasia Studio制作客观测验题的操作方法非常简单，下面以制作多项选择题为例进行介绍。

实例文件的保存路径：配套素材\第8章\素材文件\8.3

实例效果文件的名称：8.3.tscproj

Step 01 打开素材文件，将时间指示器移至视频的末尾处，①单击"修改"菜单，②选择"测验"菜单项，③选择"添加时间轴测验"子菜单项，如图8-46所示。

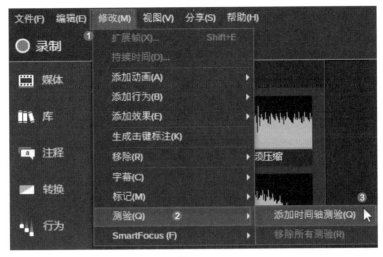

图 8-46

Step02 可以看到在时间指示器所在的位置添加了一个测验，右击该测验，在弹出的快捷菜单中选择"重命名"菜单项，如图 8-47 所示。

Step03 在"属性"面板的"测验名称"文本框中输入名称，如图 8-48 所示。

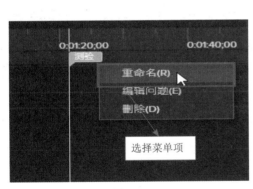

图 8-47

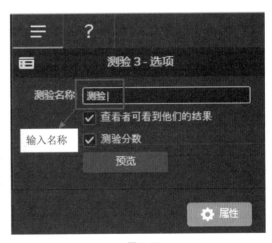

图 8-48

Step04 ① 在"属性"面板中选择"测验问题属性"选项卡，② 单击"类型"下拉按钮，选择"多项选择"选项，③ 在"问题"文本框中输入问题，④ 在"答案"区域中设置 4 个选项答案，⑤ 勾选"显示反馈"复选框，⑥ 设置"如果正确"区域中的"操作"为"继续"选项，⑦ 设置"如果不正确"区域中的"操作"为"跳转到标记"选项，选择"幻灯片 13"为跳转链接，⑧ 单击左上角的"了解测验将如何向查看者显示"按钮，如图 8-49 所示。

Step05 弹出测验窗口，① 选择一个选项，② 单击"提交答案"按钮，如图 8-50 所示。

图 8-49   图 8-50

Step 06 显示答题结果，如图 8-51 所示。

Step 07 如果提交了错误答案，结果将显示答题错误，如图 8-52 所示。

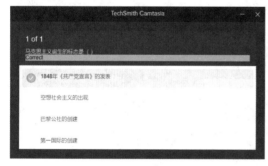

图 8-51   图 8-52

8.3.6 导出视频

本小节主要介绍使用 Camtasia Studio 导出微课视频的操作步骤，主要运用到的知识点有打开"生成向导"对话框，根据提示一步一步设置视频选项，完成导出操作。

实例文件的保存路径：配套素材\第 8 章\素材文件\8.3

实例效果文件的名称：8.3.tscproj、8.3.mp4

Step01 ① 单击软件右上角的"分享"按钮，② 选择"本地文件"选项，如图 8-53 所示。

Step02 弹出"生成向导"对话框，保持默认设置，单击"下一页"按钮，如图 8-54 所示。

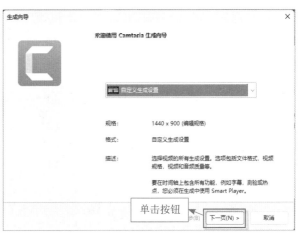

图 8-53　　　　　　　　　　　　　　　　图 8-54

Step03 进入下一页面，① 选中"MP4- 智能播放器"单选按钮，② 单击"下一页"按钮，如图 8-55 所示。

Step04 进入下一页面，① 勾选"控制器生成"复选框，② 单击"下一页"按钮，如图 8-56 所示。

图 8-55　　　　　　　　　　　　　　　　图 8-56

Step05 进入下一页面，保持默认设置，单击"下一页"按钮，如图 8-57 所示。

Step06 进入下一页面，① 勾选"数字标记条目"和"最初可见的目录"复选框，② 选中"固定左侧"单选按钮，③ 单击"标记显示"右侧的下拉按钮，选择"带缩略图的文本"选项，④ 单击"下一页"按钮，如图 8-58 所示。

Step07 进入下一页面，① 勾选"通过电子邮件报告测验结果"复选框，② 在下方的文本框中输入邮件地址，③ 选中"允许查看者匿名进行测验"单选按钮，④ 单击"下一页"按钮，如图 8-59 所示。

Step08 进入下一页面，① 在"生成名称"文本框中输入名称，② 在"文件夹"文本框中设置保存路径，③ 单击"完成"按钮，如图 8-60 所示。

图 8-57

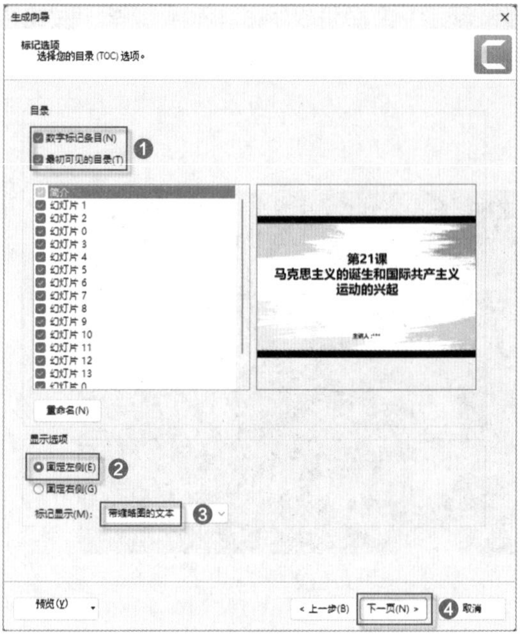

图 8-58

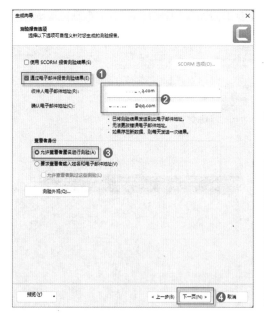

图 8-59

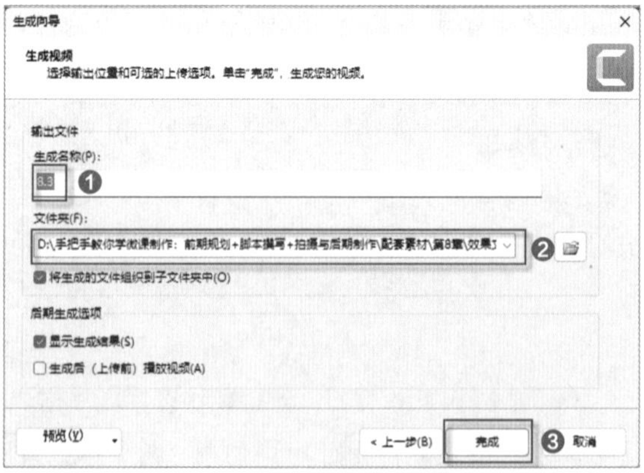

图 8-60

图 8-61

Step 09 开始生成视频文件，等待一段时间，通过以上步骤即可完成制作历史课 PPT 课件微课视频的操作，如图 8-61 所示。

8.4　思考与练习

通过本章的学习，读者基本上可以了解使用 Camtasia Studio 制作交互型微课需要掌握的基本知识，下面练习几道习题，以达到巩固与提高的目的。

一、填空题

1. 右击时间指示器，在弹出的快捷菜单中选择_____，也可以为当前位置添加标记。

2. 微课中的测验题需要紧扣所学内容，并且要有一定的梯度，既需要有考察一般识记知识点的题目（此类题目比较简单，属于了解层次内容）；也需要有考察_____的提升性题目；还需要有_____题目，用于开拓学习者的思维，培养学习者的创新意识。

二、判断题

1. 在 Camtasia Studio 中，测验题可以是多项选择题、判断题、填空题、简答题。（　　　）

2. 客观测验题包括多项选择题和判断题。（　　　）

三、思考题

1. 如何使用 Camtasia Studio 制作时间轴标记？

2. 如何使用 Camtasia Studio 制作客观测验题？

第 9 章　微课制作常用的辅助工具

本章要点

- 水印管家——去除图片和视频水印
- GoldWave——音频处理
- Snagit——屏幕截图工具
- WPS Office——制作思维导图

本章主要内容

本章主要介绍了水印管家——去除图片和视频水印、GoldWave——音频处理、Snagit——屏幕截图工具和 WPS Office——制作思维导图方面的知识与技巧。通过本章的学习，读者可以掌握微课制作的常用辅助工具的用法，为深入学习微课制作奠定基础。

9.1 水印管家——去除图片和视频水印

水印管家是深圳市网旭科技有限公司开发的一款水印管理类型的软件，为用户提供去除图片 / 视频上的水印和添加水印以及短视频无水印提取等功能。水印管家软件能够帮助不会使用专用图片处理软件的用户快速去除图片 / 视频上的水印，只需要简单的三步，既上传照片、选取清除范围、转换照片，就可以得到一个无水印的图片 / 视频。

9.1.1　设置使用的语言

在启动水印管家程序后，打开的程序界面是以全英文显示的，这时需要用户手动设置成中文显示。设置水印管家程序所使用语言的方法非常简单，下面详细介绍。

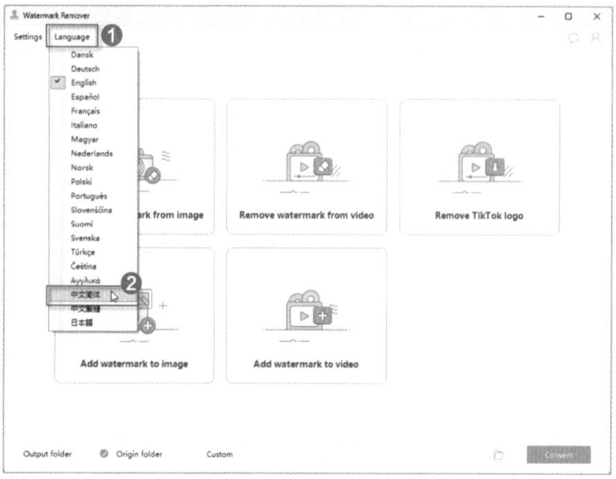

Step01 启动水印管家程序，① 单击界面左上角的"Language"选项，② 在弹出的菜单中选择"中文简体"菜单项，如图 9-1 所示。

Step02 可以看到界面上的文字变为以中文简体显示，如图 9-2 所示。

图 9-1

图 9-2

9.1.2　去除图片水印

在设置完使用的语言之后，用户就可以开始为图片素材去除水印了。使用水印管家去除图片水印的方法非常简单，依次单击"图片去水印"按钮和"拖拽添加图片"按钮，打开"选择文件"对话框，然后选择图片，绘制水印区域，单击"转换"按钮即可。

实例文件的保存路径：配套素材 \ 第 9 章 \ 素材文件 \9.1.2
实例效果文件的名称：9.1.2.jpg

Step01 打开水印管家，在界面首页单击"图片去水印"按钮，如图 9-3 所示。

Step02 进入图片去水印界面，单击"拖拽添加图片"按钮，如图 9-4 所示。

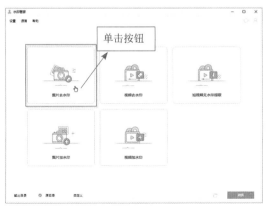

图 9-3

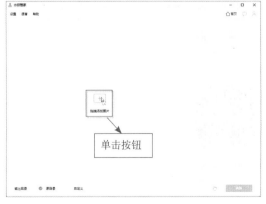

图 9-4

Step03 弹出"选择文件"对话框，① 选择图片素材，② 单击"打开"按钮，如图 9-5 所示。

Step 04 图片被添加到软件中，① 单击"本地去水印"按钮，② 单击"框选工具"按钮，③ 单击并拖动鼠标在图片上的水印位置绘制矩形，将水印完全覆盖，④ 选中"自定义"单选按钮，在后面的文本框中设置图片的保存位置，⑤ 单击"转换"按钮，如图 9-6 所示。

图 9-5

图 9-6

Step 05 弹出"完成"对话框，提示转换完成，单击"打开文件夹"按钮打开图片所在的文件夹，如图 9-7 所示。

Step 06 打开图片，可以看到左上角的水印已经被去除，如图 9-8 所示。

图 9-7

图 9-8

9.1.3 去除视频水印

用户还可以使用水印管家为视频去除水印，使用水印管家为视频去除水印的方法非常简单，依次单击"视频去水印"按钮和"拖拽添加视频"按钮，打开"选择文件"对话框，然后选择视频，绘制水印区域，单击"转换"按钮即可。

实例文件的保存路径：配套素材 \ 第 9 章 \ 素材文件 \9.1.3
实例效果文件的名称：9.1.3.mp4

Step 01 打开水印管家，在界面首页单击"视频去水印"按钮，如图 9-9 所示。

Step02　进入视频去水印界面，单击"拖拽添加视频"按钮，如图 9-10 所示。

图 9-9

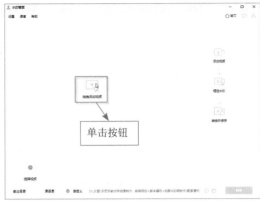

图 9-10

Step03　弹出"选择文件"对话框，① 选择视频素材，② 单击"打开"按钮，如图 9-11 所示。

Step04　视频被添加到软件中，① 在"选择时间"区域中设置去除水印的时间段，② 单击"水印选择"按钮，③ 视频上出现矩形框，调整矩形框的位置和大小，将水印完全覆盖，④ 选中"自定义"单选按钮，在后面的文本框中设置图片的保存位置，⑤ 单击"转换"按钮，如图 9-12 所示。

图 9-11

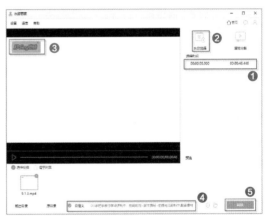

图 9-12

Step05　弹出"完成"对话框，提示转换完成，单击"打开文件夹"按钮打开视频所在的文件夹，如图 9-13 所示。

Step06　打开视频，可以看到左上角的水印已经被去除，如图 9-14 所示。

图 9-13

图 9-14

9.2 GoldWave——音频处理

GoldWave 是一个功能强大的数字音乐编辑器，是一个集声音编辑、播放、录制和转换于一体的音频工具。它还可以对音频内容进行格式转换等处理。GoldWave 虽然体积小巧，但是功能却无比强大，支持许多格式的音频文件，并且内含丰富的音频处理特效，从一般特效（例如多普勒、回声、混响、降噪）到高级的公式计算等。

由于 Camtasia Studio 不是专业的音频处理软件，所以对音频的处理功能较少，用户可以将微课视频的音频部分导出，在 GoldWave 中打开并处理音频文件，然后保存，再导入 Camtasia Studio 中，作为微课视频的音频进行使用。

9.2.1 增大音频音量

Camtasia Studio 只能将音量调整到 200%，如果 Camtasia Studio 不能满足增大音频音量的需求，用户可以将音频导入 GoldWave 中，GoldWave 能够将音量调整到 1000%。下面详细介绍使用 GoldWave 增大音频音量的方法。

实例文件的保存路径：配套素材 \ 第 9 章 \ 素材文件 \9.2.1
实例效果文件的名称：9.2.1.wav

Step 01 打开 GoldWave，① 单击"文件"菜单，② 在弹出的菜单中选择"打开"菜单项，如图 9-15 所示。

Step02 弹出“打开声音”对话框，① 选择声音文件，② 单击“打开”按钮，如图 9-16 所示。

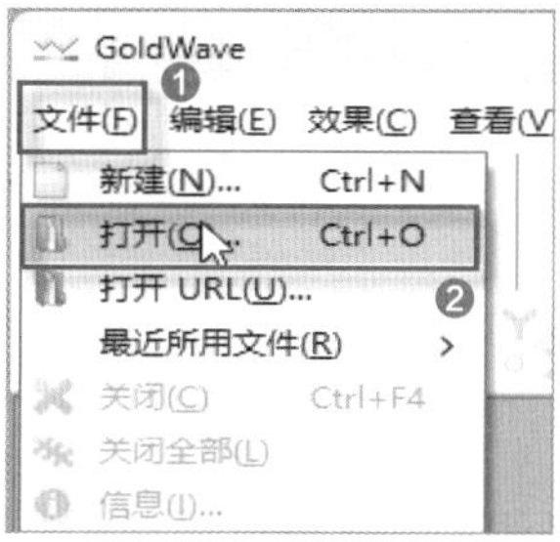

图 9-15

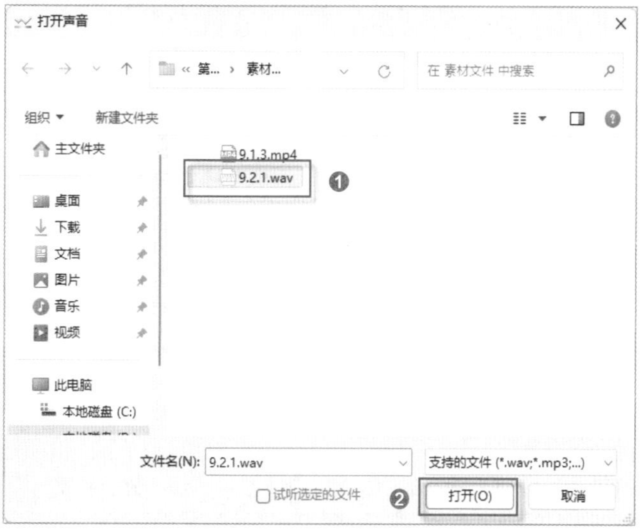

图 9-16

Step03 声音文件已经导入 GoldWave 中，单击“更改音量：调整选区的音量”按钮，如图 9-17 所示。

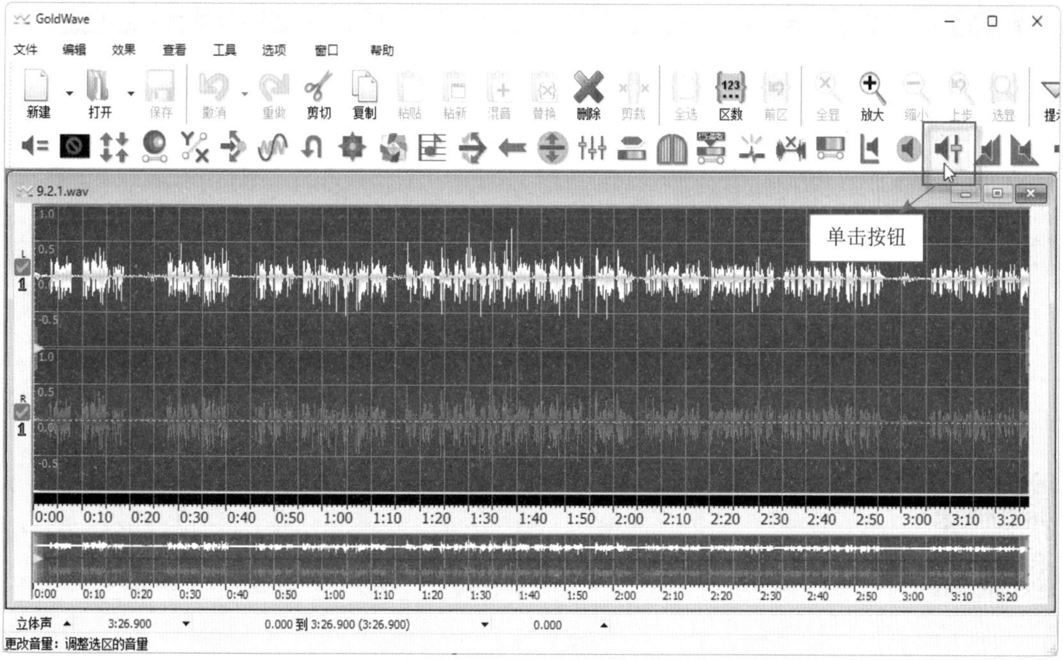

图 9-17

Step04 弹出“更改音量”对话框，① 在“音量”区域的文本框中输入数值，② 单击“确定”按钮，如图 9-18 所示。

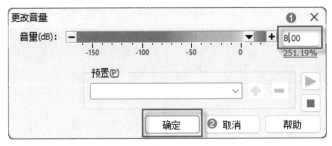

图 9-18

Step05 可以看到音频的波形变宽，表示音量已经变大，如图 9-19 所示。

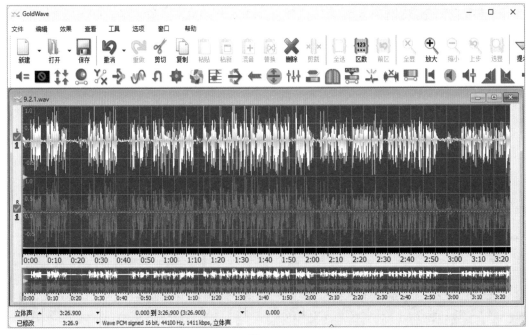

图 9-19

9.2.2　音频降噪

　　在 Camtasia Studio 中只有一个自动降噪效果，如果 Camtasia Studio 不能满足音频降噪的需求，用户可以将音频导入 GoldWave 中，GoldWave 能够对噪声进行采样，然后进行智能降噪。下面详细介绍使用 GoldWave 进行音频降噪的方法。

实例文件的保存路径：配套素材 \ 第 9 章 \ 素材文件 \9.2.2

实例效果文件的名称：9.2.2.wav

Step01 打开 GoldWave，① 单击"文件"菜单，② 在弹出的菜单中选择"打开"菜单项，如图 9-20 所示。

Step02 弹出"打开声音"对话框，① 选择声音文件，② 单击"打开"按钮，如图 9-21 所示。

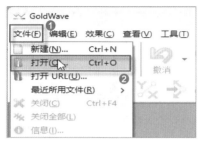

图 9-20　　　　　　　　　　　　　　　　　图 9-21

Step03 在波形上单击并拖动，选中噪声部分，如图 9-22 所示。

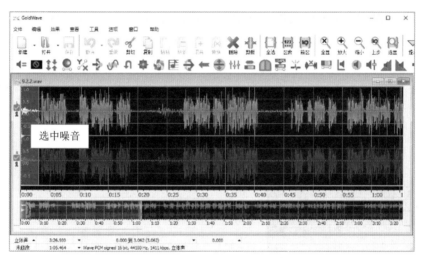

图 9-22

Step04 ① 单击 "编辑" 菜单，② 在弹出的菜单中选择 "复制" 菜单项，如图 9-23 所示。

Step05 ① 单击 "编辑" 菜单，② 在弹出的菜单中选择 "选择全部" 菜单项，如图 9-24 所示。

图 9-23　　　　　　　　　　　　　　　　　图 9-24

Step06 单击"降噪：使用频率分析对声音进行降噪"按钮🎚，如图 9-25 所示。

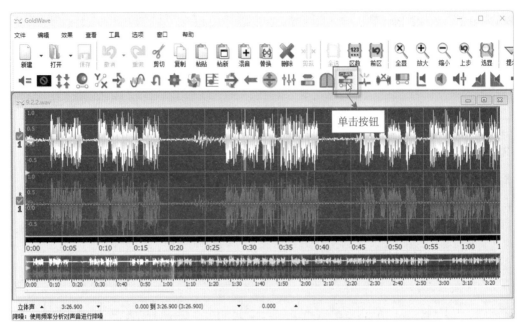

图 9-25

Step07 弹出"降噪"对话框，① 选中"使用剪贴板"单选按钮，② 单击"确定"按钮，如图 9-26 所示。

Step08 可以看到噪声基本上已经被去除，如图 9-27 所示。

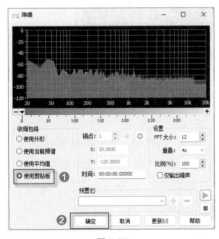

图 9-26

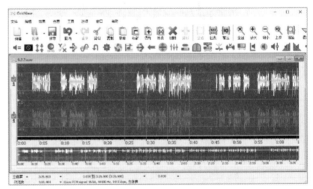

图 9-27

Step09 还有一些噪声没有被完全去除干净，选中噪声部分的音频，① 单击"编辑"菜单，② 在弹出的菜单中选择"复制"菜单项，如图 9-28 所示。

Step10 ① 单击"编辑"菜单，② 在弹出的菜单中选择"选择全部"菜单项，如图 9-29 所示。

Step11 单击"降噪：使用频率分析对声音进行降噪"按钮🎚，如图 9-30 所示。

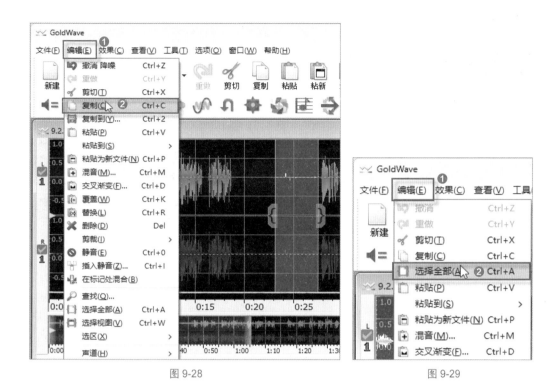

图 9-28　　　　　　　　　　　　　　　　　　　　　　　　图 9-29

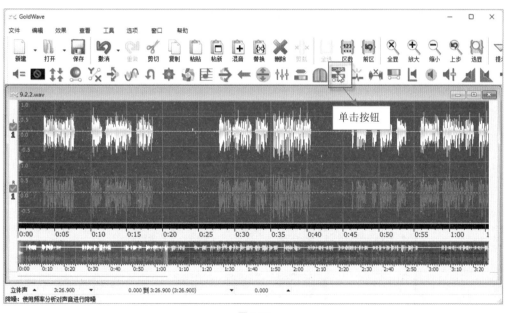

图 9-30

Step12 弹出"降噪"对话框，① 选中"使用剪贴板"单选按钮，② 单击"确定"按钮，如图 9-31 所示。

Step13 可以看到噪声已经被去除，通过以上步骤即可完成使用 GoldWave 为音频降噪的操作，如图 9-32 所示。

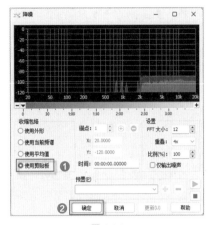

图 9-31

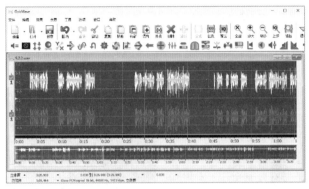

图 9-32

9.3 Snagit——屏幕截图工具

Snagit 是一个优秀的屏幕、文本和视频的捕获、编辑与转换软件，可以捕捉、编辑、共享计算机屏幕上的一切对象，截取的图像可以保存为 BMP、PCX、TIF、GIF、PNG 或 JPEG 等格式。

9.3.1 了解 Snagit 的工作界面

启动 Snagit 软件，打开 Snagit 工作界面，如图 9-33 所示。Snagit 软件有文件、捕获、查看、工具以及帮助 5 个选项卡，用户可以在其中选择相应菜单项完成捕获操作。

图 9-33

在"方案"区域中可以设置捕获模式，有多合一、全屏幕、复制到剪贴板、将网页作为 PDF 的链接、复制文本到剪贴板、徒手以及带时间延迟的菜单 7 个模式可以选择。默认的截屏键是 Print Screen 键，用户也可以自定义截屏键。单击"捕获"按钮●也可以开始截屏操作。

9.3.2　使用 Snagit 截图并编辑图片

打开 Snagit，将准备截取的程序放置在 Snagit 界面的下方，按键盘上的 Print Screen 键即可开始截图操作，在截图时 Snagit 界面自动隐藏，单击并拖动鼠标绘制截取区域，释放鼠标即可打开 Snagit 编辑器界面，如图 9-34 所示。

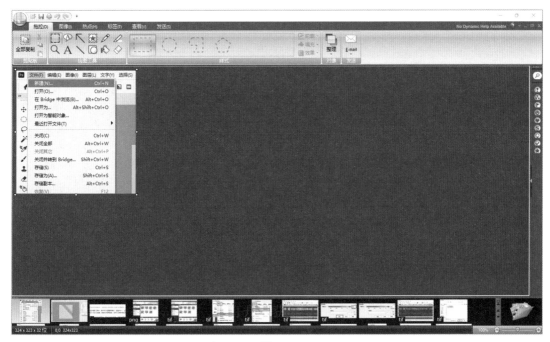

图 9-34

Snagit 编辑器包括拖拉、图像、热点、标签、查看和发送 6 个选项卡，用户可以使用其中的相应按钮编辑截图，例如为截图添加文本框、在截图上绘制高亮区域、绘制形状、擦除截图、为截图填充颜色等。

9.4　WPS Office——制作思维导图

WPS Office 是由北京金山办公软件股份有限公司自主研发的一款办公软件套装，可以实现办公软件最常用的文字、表格、演示、PDF 阅读等多种功能，具有内存占用少、运行速度快、云功能多、强大插件平台支持、免费提供在线存储空间及文档模板优点。

思维导图的英文是 The Mind Map，又名心智导图，是表达发散性思维的有效图形思维工具。

思维导图运用图文并重的技巧把各级主题的关系用相互隶属与相关的层级图表现出来，为主题关键词与图像、颜色等建立记忆链接。用户可以利用 WPS Office 的"在线脑图"功能制作思维导图，辅助观众提高学习效率，提高对微课视频的理解能力。

9.4.1 创建思维导图

本小节将介绍使用 WPS Office 创建思维导图的方法，使用到的知识点主要有单击"在线脑图"选项卡中的"新建空白思维导图"按钮新建文档，然后，编辑主题框创建子主题，最后通过"文件"→"另存为/导出"→"PNG 图片（.*png）"导出图片。

> 实例文件的保存路径：配套素材\第 9 章\效果文件\9.4.1
> 实例效果文件的名称：农耕文明.png

Step01 打开 WPS Office，在首页页面中单击"新建"按钮，如图 9-35 所示。

图 9-35

Step02 打开"新建"页面，① 选择"在线脑图"选项卡，② 单击"新建空白思维导图"按钮，如图 9-36 所示。

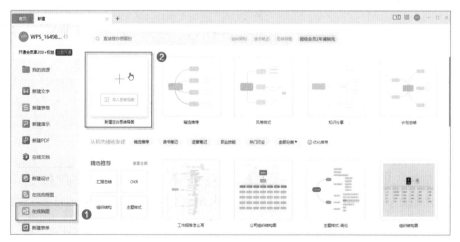

图 9-36

Step03 创建一个空白文档，在页面上默认有一个主题框，双击文字进入编辑模式，输入内容，如图 9-37 所示。

Step04 单击页面中的空白处，退出编辑模式。选中主题框，将光标移至主题框上，显示"创建子主题"按钮⊕，单击该按钮，如图 9-38 所示。

图 9-37

图 9-38

Step05 可以看到创建了一个子主题，双击文字，然后输入内容，如图 9-39 所示。

Step06 继续单击"创建子主题"按钮，创建新的主题框并输入内容，效果如图 9-40 所示。

图 9-39

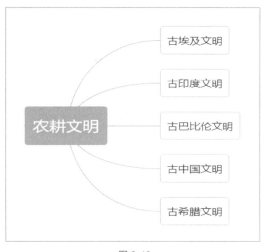

图 9-40

Step07 ① 单击"文件"下拉按钮，② 在弹出的菜单中选择"另存为 / 导出"菜单项，③ 选择"PNG 图片（.*png）"子菜单项，如图 9-41 所示。

Step08 弹出"导出为 PNG 图片"对话框，① 在"保存目录"文本框中设置保存位置，② 在"文件名称"文本框中输入名称，③ 在"导出品质"区域中选中"普通"单选按钮，④ 在"水印设置"区域中选中"默认水印"单选按钮，⑤ 单击"导出"按钮，如图 9-42 所示。

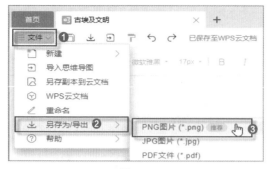

图 9-41

图 9-42

9.4.2 设置思维导图的样式

本小节将介绍使用 WPS Office 设置思维导图样式的方法，使用到的知识点主要有通过"样式"选项卡中的"连线颜色"选择一种颜色，然后通过"边框宽度"设置思维导图边框的粗细。

> 实例文件的保存路径：配套素材 \ 第 9 章 \ 效果文件 \9.4.2
> 实例效果文件的名称：9.4.2.png

Step01 选中整个思维导图，① 选择"样式"选项卡，② 单击"连线颜色"下拉按钮，③ 选择一种颜色，如图 9-43 所示。

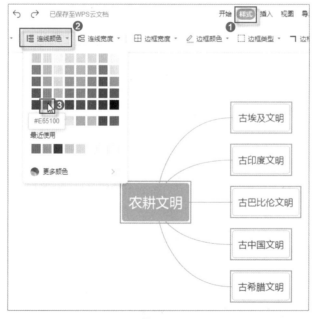

图 9-43

Step 02 可以看到连线的颜色已经改变，① 单击"边框宽度"下拉按钮，② 选择"3px"选项，如图 9-44 所示。

Step 03 可以看到主题框的宽度变粗，通过以上步骤即可完成设置思维导图样式的操作，如图 9-45 所示。

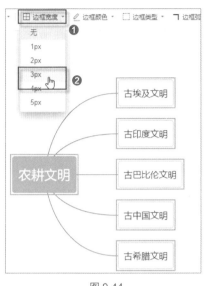

图 9-44

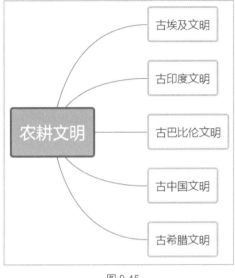

图 9-45

9.5　思考与练习

通过本章的学习，读者基本上可以了解微课制作常用辅助工具的基本知识，下面练习几道习题，以达到巩固与提高的目的。

一、填空题

1. 使用水印管家清除水印只需要三步，即上传照片、_____、转换照片。

2. GoldWave 是一个集声音编辑、_____、录制和转换于一体的音频工具。

二、判断题

1. 水印管家不能去除视频上的水印。（　　　）

2. GoldWave 可以将音量调整到 200%。（　　　）

三、思考题

1. 如何使用 GoldWave 给音频降噪？

2. 如何使用 WPS Office 制作思维导图？

第10章 综合案例——制作历史课微课视频

本章要点

- 制作 PPT 课件
- 使用 Camtasia Studio 编辑课件视频

本章主要内容

本章介绍一个综合案例——制作名为"明朝的科技、建筑与文学"的历史课微课视频，内容主要包括制作 PPT 课件和使用 Camtasia Studio 编辑课件视频两大方面。通过本章的学习，读者可以完整掌握制作一个微课视频的所有步骤，达到对全书知识进行巩固与提高的目的。

10.1 制作 PPT 课件

本节主要介绍制作名为"明朝的科技、建筑与文学"的历史课 PPT 课件的方法，具体包括为幻灯片添加背景、设置字体的颜色、为幻灯片添加动画以及录制 PPT 课件视频。

10.1.1 为幻灯片添加背景

本小节将介绍为名为"明朝的科技、建筑与文学"的历史课演示文稿中的幻灯片添加背景的操作，主要知识点包括通过"设计"→"自定义"→"设置背景格式"按钮打开"设置背景格式"窗格，选中"图片或纹理填充"单选按钮，然后通过"插入"按钮和"来自文件"按钮打开"插入图片"对话框，在其中选择图片。

> 实例文件的保存路径：配套素材 \ 第 10 章 \ 素材文件 \10.1.1
>
> 实例效果文件的名称：10.1.1.pptx

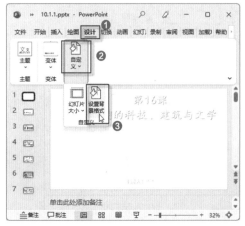

图 10-1

Step01 打开演示文稿素材，① 选择"设计"选项卡，② 单击"自定义"下拉按钮，③ 单击"设置背景格式"按钮，如图 10-1 所示。

Step02 打开"设置背景格式"窗格，① 在"填充"区域中选中"图片或纹理填充"单选按钮，② 单击"插入"按钮，如图 10-2 所示。

Step03 打开"插入图片"界面，单击"来自文件"按钮，如图 10-3 所示。

Step04 弹出"插入图片"对话框，① 选择准备插入的图片，②单击"插入"按钮，如图 10-4 所示。

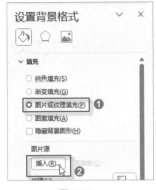

图 10-2

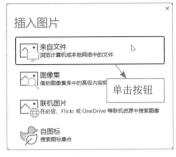

图 10-3

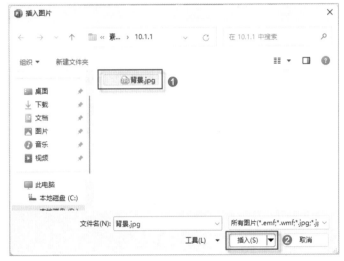

图 10-4

Step05 可以看到幻灯片中已经插入了背景，如图 10-5 所示。

图 10-5

10.1.2　设置字体的颜色

　　　　　本小节将介绍为名为"明朝的科技、建筑与文学"的历史课演示文稿中的幻灯片设置字体颜色的操作，首先单击"开始"→"字体"→"字体颜色"按钮，然后更改文本的颜色即可。

> 实例文件的保存路径：配套素材\第 10 章\素材文件\10.1.2
> 实例效果文件的名称：10.1.2.pptx

Step01 打开演示文稿素材，选中第 2 张幻灯片，选中两个文本框，① 选择"开始"选项卡，② 单击"字体"下拉按钮，③ 单击"字体颜色"按钮，如图 10-6 所示。

Step02 可以看到被选中两个文本框中字体的颜色由黑色变为红色，通过以上步骤即可完成设置字体颜色的操作，如图 10-7 所示。

图 10-6

图 10-7

10.1.3　为幻灯片添加动画

　　　　　本小节将介绍为名为"明朝的科技、建筑与文学"的历史课演示文稿中的幻灯片添加动画的操作，首先通过"动画"→"飞入"添加"飞入"动画效果，然后打开"动画窗格"窗格，设置动画开始的时间。

> 实例文件的保存路径：配套素材\第 10 章\素材文件\10.1.3
> 实例效果文件的名称：10.1.3.pptx

Step01 打开演示文稿素材，选中第 3 张幻灯片，选中从左数第 1 张图片，① 选择"动画"选项卡，② 单击"飞入"动画效果，如图 10-8 所示。

Step02 为其他两张图片添加同样的"飞入"动画效果，可以看到图片的旁边显示了数字，表示已经添加了动画效果，然后单击"高级动画"组中的"动画窗格"按钮，如图 10-9 所示。

Step03 打开"动画窗格"窗格，① 单击数字"2"动画右侧的下拉按钮，② 选择"从上一项之后开始"选项，如图 10-10 所示。

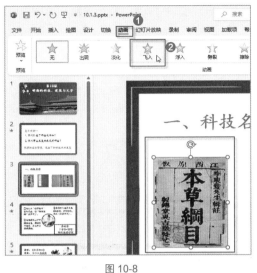

图 10-8

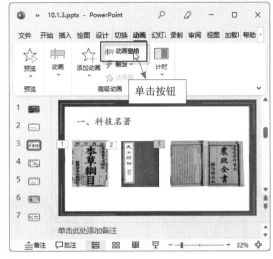

图 10-9

Step04 ① 单击最后一个动画右侧的下拉按钮，② 选择"从上一项之后开始"选项，如图 10-11 所示。

图 10-10

图 10-11

10.1.4 录制 PPT 课件视频

本小节将介绍为名为"明朝的科技、建筑与文学"的历史课演示文稿录制微课视频的操作，首先单击"加载项"选项卡中的"录制"按钮，开始录制视频，然后保存视频，并在 Camtasia Studio 中编辑视频。

实例文件的保存路径：配套素材 \ 第 10 章 \ 素材文件 \10.1.4
实例效果文件的名称：10.1.4.trec

Step01 打开演示文稿素材，① 选择"加载项"选项卡，② 单击"录制"按钮，如图 10-12 所示。

Step02 演示文稿开始全屏播放，在右下角弹出 Camtasia 录制窗口，单击"单击可开始录制"按钮，如图 10-13 所示。

图 10-12

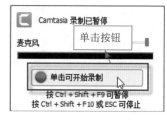

图 10-13

Step03 在幻灯片放映结束后弹出"Camtasia PowerPoint 加载项"对话框，单击"停止录制"按钮，如图 10-14 所示。

Step04 弹出"将 TechSmith 录制另存为"对话框，① 在"文件名"文本框中输入名称，② 单击"保存"按钮，如图 10-15 所示。

图 10-14

图 10-15

Step05 在幻灯片放映结束后弹出"Camtasia for PowerPoint"对话框，① 选中"编辑您的录制"单选按钮，② 单击"确定"按钮，如图 10-16 所示。

Step06 打开 Camtasia Studio 软件，在"媒体"选项卡中可以看到刚录制的 PPT 课件视频，如图 10-17 所示。

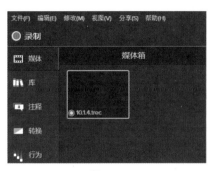

图 10-16　　　　　　　　　　　　图 10-17

10.2　使用 Camtasia Studio 编辑课件视频

在完成演示文稿视频的录制以后，用户就可以在 Camtasia Studio 软件中编辑视频了，具体包括录制旁白并降噪、添加背景音乐、制作多项选择测验题以及导出微课视频。

10.2.1　录制旁白并降噪

本小节将介绍为微课视频录制旁白并添加降噪效果的操作，首先单击"旁白"→"开始录音"按钮录制音频，然后保存音频文件，对于没有录制好的音频，通过"音效"→"去噪"进行降噪处理。

实例文件的保存路径：配套素材 \ 第 10 章 \ 素材文件 \10.2.1
实例效果文件的名称：10.2.1.tscproj

Step01 接着 10.1.4 小节继续操作，将媒体箱中的素材拖入时间轴中，然后选中音频并右击，在弹出的快捷菜单中选择"删除"菜单项，如图 10-18 所示。

图 10-18

Step02 ① 选择"旁白"选项，② 取消勾选"录制过程中静音时间轴"复选框，③ 单击"开始录音"按钮，如图 10-19 所示。

Step03 在录制完成后单击"停止"按钮，如图 10-20 所示。

图 10-19

图 10-20

Step04 弹出"将旁白另存为"对话框，① 在"文件名"文本框中输入名称，② 单击"保存"按钮，如图 10-21 所示。

Step05 将没有录制好的音频部分选中，然后右击选中的音频，在弹出的快捷菜单中选择"波纹删除"菜单项，如图 10-22 所示。

图 10-21

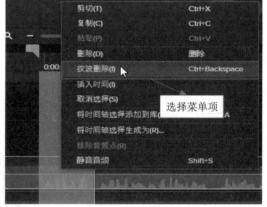

图 10-22

Step06 ① 选择"音效"选项，② 单击并拖动"去噪"音效至音频素材上，如图 10-23 所示。

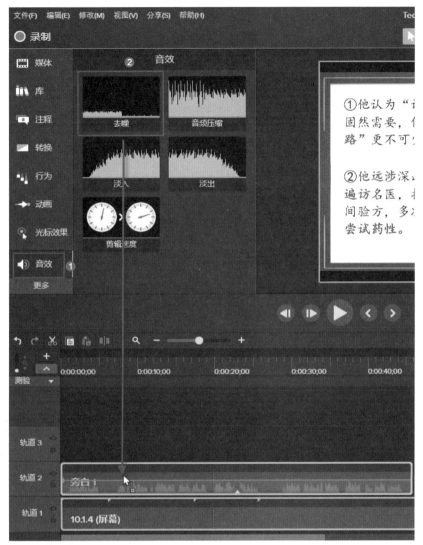

图 10-23

10.2.2 添加背景音乐

本小节将介绍为微课视频添加背景音乐的操作，首先通过"文件"→"导入"→"媒体"，导入背景音乐，并将其拖入时间轴中，缩短持续时间，然后在"属性"面板中设置"增益"参数降低音量。

实例文件的保存路径：配套素材 \ 第 10 章 \ 素材文件 \10.2.2

实例效果文件的名称：10.2.2.tscproj

Step01 ① 单击"文件"菜单，② 在弹出的菜单中选择"导入"菜单项，③ 选择"媒体"子菜单项，如图 10-24 所示。

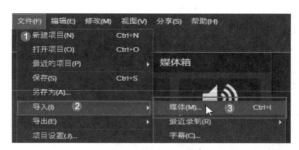

图 10-24

Step 02 弹出"打开"对话框，① 选择音频文件，② 单击"打开"按钮，如图 10-25 所示。

Step 03 背景音乐导入媒体箱中，将其拖入时间轴中，缩短音乐的长度，使其与视频的长度一致，如图 10-26 所示。

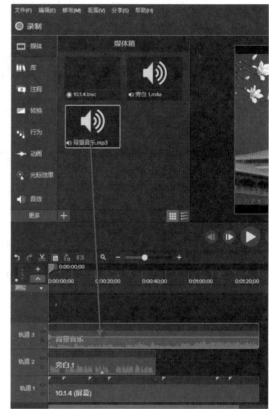

图 10-25　　　　　　　　　　　　　　　　　图 10-26

图 10-27

Step 04 选中背景音乐素材，在"属性"面板中设置"增益"选项的数值，降低背景音乐的音量，如图 10-27 所示。

10.2.3 制作多项选择测验题

本小节将介绍为微课视频制作多项选择测验题的操作，首先通过"修改"→"测验"→"添加时间轴测验"添加一个测验，然后为测验重命名，设置测验属性，包括类型、问题、答案、显示反馈等选项。

> 实例文件的保存路径：配套素材 \ 第 10 章 \ 素材文件 \10.2.3
> 实例效果文件的名称：10.2.3.tscproj

Step 01 打开素材文件，将时间指示器移至视频的末尾处，① 单击"修改"菜单，② 选择"测验"菜单项，③ 选择"添加时间轴测验"子菜单项，如图 10-28 所示。

Step 02 可以看到在时间指示器所在的位置添加了一个测验，右击该测验，在弹出的快捷菜单中选择"重命名"菜单项，如图 10-29 所示。

图 10-28

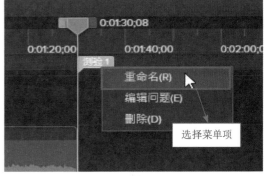

图 10-29

Step 03 ① 在"属性"面板中选择"测验选项"选项卡，② 在"测验名称"文本框中输入名称，如图 10-30 所示。

Step 04 ① 在"属性"面板中选择"测验问题属性"选项卡，② 单击"类型"下拉按钮，选择"多项选择"选项，③ 在"问题"文本框中输入问题，④ 在"答案"区域中设置 4 个选项答案，⑤ 勾选"显示反馈"复选框，⑥ 设置"如果正确"区域中的"操作"为"继续"选项，⑦ 设置"如果不正确"区域中的"操作"为"跳转到标记"选项，选择"幻灯片 3"为跳转链接，⑧ 单击左上角的"了解测验将如何向查看者显示"按钮 ▤，如图 10-31 所示。

图 10-30

Step 05 弹出测验窗口，① 选择一个选项，② 单击"提交答案"按钮，如图 10-32 所示。

图 10-31 图 10-32

Step06 显示答题结果，如图 10-33 所示。

Step07 如果提交了错误答案，结果将显示答题错误，如图 10-34 所示。

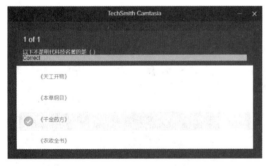

图 10-33 图 10-34

10.2.4 导出微课视频

本小节介绍使用 Camtasia Studio 导出微课视频的操作步骤如下，首先通过"分享"→"本地文件"，打开"生成向导"对话框，然后根据提示一步一步设置视频选项，完成导出操作。

实例文件的保存路径：配套素材 \ 第 10 章 \ 素材文件 \10.2.4

实例效果文件的名称：10.2.4.tscproj

Step01 ① 单击软件右上角的"分享"按钮，② 选择"本地文件"选项，如图 10-35 所示。

Step02 弹出"生成向导"对话框，保持默认设置，单击"下一页"按钮，如图 10-36 所示。

Step03 进入下一页面，① 选中"MP4- 智能播放器"单选按钮，② 单击"下一页"按钮，如图 10-37 所示。

Step04 进入下一页面，① 勾选"控制器生成"复选框，② 单击"下一页"按钮，如图 10-38 所示。

图 10-35

Step05 进入下一页面，保持默认设置，单击"下一页"按钮，如图 10-39 所示。

图 10-36

图 10-37

图 10-38

图 10-39

Step06 进入下一页面，① 在"生成名称"文本框中输入名称，② 在"文件夹"文本框中设置保存路径，③ 单击"完成"按钮，如图 10-40 所示。

Step07 开始生成视频文件，等待一段时间，通过以上步骤即可完成制作历史课微课视频的操作，如图 10-41 所示。

图 10-40   图 10-41